陈春锋 编著

中国历史知识要领

中国画报出版社·北京

图书在版编目（CIP）数据

中国历史知识要领 / 陈春锋编著． — 北京：中国画报出版社，2009.12（2025.1重印）
ISBN 978-7-80220-669-4

Ⅰ．①中… Ⅱ．①陈… Ⅲ．①中国－历史－青少年读物 Ⅳ．① K209

中国版本图书馆 CIP 数据核字（2009）第 232100 号

中国历史知识要领　　　　　　　　　　　　　陈春锋　编著

出 版 人：	田　辉
责任编辑：	史文良
出　　版：	中国画报出版社
地　　址：	中国北京市海淀区车公庄西路 33 号，邮编：100048
电　　话：	010-88417359（总编室兼传真）　010-88417359（版权部） 010-88417418（发行部）　010-68414683（发行部传真）
印　　刷：	三河市兴国印务有限公司
监　　印：	敖　晔
经　　销：	新华书店
开　　本：	700mm×1000mm　1/16
印　　张：	13
字　　数：	250 千字
插　　图：	400
版　　次：	2010 年 1 月第 1 版　2025 年 1 月第 2 次印刷
书　　号：	ISBN 978-7-80220-669-4
定　　价：	78.00 元

如发现印装质量问题，请与承印厂联系调换。
版权所有，翻印必究；未经许可，不得转载！

前言

一个民族如果不面对自己的历史,那么将是一个没有希望的民族。任何一个国家和民族要想在文明的发展轨道中不被抛离出去,那么它就得注重用自己的历史教育和鼓舞人民。因为历史是爱国主义教育的最好教材,它可以激发人的斗志,发扬本民族优良传统,从而继承灿烂的文化遗产。为了中华民族的伟大复兴,我们必须了解历史,让我们在历史盛衰中吸取经验训练,做到知史达变,鉴之往来。

历史学科是九年义务教育的一门必修科目,也是一门十分重要的人文学科。但是,我们经常听到不少同学抱怨历史知识太多,记不住,难学,考试成绩总不理想等,编者认为,归根结底是学习态度和方法的问题。

历史知识浩如烟海,我们平时在学习中掌握了许多重大的历史事件、历史人物和历史现象,这些知识"点"贯穿在各个章节中,如同散落在各处的"小珠子",如果我们不及时用"线"把这些"小珠子"串联起来,那么这些知识很快就会丢失。而串联这些知识的"线"便是每个章节的历史发展线索。有了点和线,我们就可以构建本阶段的历史知识整体框架。本书给中国学生提供了一种学习历史的方法:提纲挈领,勾勒知识要领。编者给读者勾勒了中国数千年历史发展的线索和历史片段,读者只要认真把握了这些历史知识要领,就如同抓住了串起无数历史事件的一条红线,掌握中国历史就轻而易举了。

这部书以短短15余万字的篇幅,勾画了整个中国历史长达数千年的全貌。中国历史典籍浩如烟海,常使初学者不得其门而入。本书编者一改以往史学家的著述方式,不以史料堆砌为目的,也不以单一历史事件为关注点。编者只展现历史概貌,主张利用归纳法将现有史料高度压缩,先构成一个简明而前后连贯的纲领,然后去作进一步的研究。这种介绍知识要领的著述方式,注重对历史宏观线条的勾画,注重历史本身相沿成型的结构框架。

本书对我国数千年的文明史作了系统介绍。该书还精选了许多幅精美图片。可谓多种视觉要素有机结合,立体再现一幅多姿多彩、波澜壮阔的历史长卷,使读者在轻松的阅读氛围中了解历史大事、把握历史大势的同时,获得更为广阔的文化视野和愉悦的审美感受。希望本书能够得到中国学生的喜爱,并从中了解先辈们的丰功伟绩,记住中华民族的曲折历史,培养不屈不挠的民族气节,树立远大的志向。

目录 CONTENT

第一编　中国古代史

第一章　中华文明的起源 /7
中国境内的原始人类 /8
原始的农耕文明 /9
中国上古的传说 /10

第二章　先秦时期的朝代更替 /13
夏朝的建立 /14
夏商周三朝的交替 /15
二里头文化的意义 /17
春秋争霸与战国七雄 /19
春秋战国的科学与文学 /23
儒学先师孔子 /24

第三章　中国开始大一统的时代 /25
大秦帝国的兴亡始末 /26
西汉时期国家的强盛 /30
东汉的衰败 /33
两汉时期的外交 /34
罢黜百家，独尊儒术 /37
秦汉思想、史学和艺术 /38
秦汉科技的发展 /39

第四章　统一与分裂的交替 /41
三国的形成与归一 /42
两晋的短暂安宁与混乱 /46
南北朝时期的成就 /49

第五章　重回统一的时代 /51
隋朝的建立与灭亡 /52
盛唐始末 /54
繁荣的唐朝经济 /60
唐朝的对外交往 /62
唐朝的文化与科技 /64

第六章　对峙时代与草原帝国崛起 /67
北宋与辽、西夏并立 /68
南宋与金对峙 /70
王安石变法 /71
南北宋的经济 /73
宋代的理学 /76
蒙古的崛起和元代的统治 /77

第七章　明、清时期的那些事儿 /79
明朝的建立与灭亡 /80
清初是盛世 /82
康熙巩固了多民族统一国家 /84
明朝和清初的对外关系 /87
明朝和清初的文化 /90

第八章　中国古代的科学技术 /93
青铜文化 /94
数学成就 /95
中国医学 /96
科学技术的发展 /98
水利和建筑 /101
中国四大发明 /104

第九章　中国古代的思想文化 /107
汉字的演变 /108
百家争鸣简介 /110
佛教与道教 112
中国古代文学 /113
《史记》与《资治通鉴》/118
伟大的中华艺术 /119

第二编　中国近现代史

第一章　封建王朝的没落与西方列强的入侵 /125
第一次鸦片战争与虎门销烟 /126
第二次鸦片战争与火烧圆明园 /128
太平天国始末 /130
收复新疆和甲午海战 /132
义和团与八国联军 /134
慈禧太后其人其事 /135

第二章　中国近代化的艰难起步 /137
洋务运动和百日维新 /138
孙中山与辛亥革命 /140
革命道路曲折 /143
新文化运动 /145

第三章　中国共产党的诞生与中国革命的新局面 /147
五四爱国运动 /148
中国共产党成立 /149
国共第一次合作 /151
孙中山广州蒙难 /153
星火可以燎原 /154

第四章　全民族的抗日战争 /155
日本武装侵华 /156
抗日战争胜利 /158

第五章　中国新民主主义革命的伟大胜利 /161
重庆谈判 /162
解放战争 /163

第六章　近现代民族工业与社会生活的变化 /165
近现代民族工业 /166

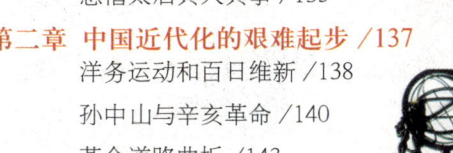

社会生活的变化 /168

第七章　近现代的科学技术与思想文化 /169
近现代科技成果 /170
哲学思想的发展 /171
艺术的发展 /172
文学的发展 /173

第三编　中国当代史

第一章　中华人民共和国的诞生 /175
建立新中国 /176
巩固新政权 /178

第二章　社会主义建设在探索中前进 /179
社会主义建设时期 /180

第三章　改革开放与现代化建设新时期 /185
社会主义现代化建设的新时期 /186
社会主义经济体制改革 /188

第四章　民族区域自治与一国两制 /189
民族团结与祖国统一 /190

第五章　新中国成立后的国防外交成就 /193
国防建设 /194
外交成就 /196

第六章　科技、教育、文化事业的发展 /199
科技的发展 /200
教育事业的发展 /203
文化体育事业 /204

第七章　社会生活的巨大变化 /205
社会生活 /206

第一编
中国古代史

第一章
中华文明的起源

中国境内至少在170万年前已经出现了原始人类活动。经过漫长的岁月，原始人类完成了从氏族、部落到国家的发展。本章讲述的是中国早期国家——夏朝产生之前中华文明的起源。

本章内容：

中国境内的原始人类

原始的农耕文明

中国上古的传记

中国境内的原始人类

▲北京猿人像

元谋人 约170万年前,中国云南元谋地区是一片亚热带草原和森林,考古发现这里先有枝角鹿、爪蹄兽第三纪残存的动物。再后来则有桑氏鬣狗、云南马等动物出现。与这些动物同时存在有中国最早的原始人——元谋人,元谋人用粗陋的石器捕猎动物而得以生存。在元谋上那蚌村附近的早更新世地层中,元谋盆地内暴露的695米厚、共4段28层的河湖沉积而形成的地层里,发现了两枚上内侧门齿化石。考古学家认为,这属于170万年前的一个大约30岁左右的男性原始人。这是在中国境内发现的最早的原始人,揭示了中国人历史的起源。同时,在黏土层中还发现了7件元谋人制造和使用的刮削器等原始石器,这是中华文明的萌芽。

蓝田人 在元谋人之后的几十万年,距今约75万年至80万年,今陕西省蓝田县公王岭地区,生活着一些蓝田人。他们低平的前额上,明显地隆起粗壮的眉脊骨。他们的化石于1963—1965年在蓝田地区发现。考古学家认为,蓝田人比后来的北京猿人大脑容量要小一些,大约有778毫升。但有一点极不寻常,蓝田人已经能完全直立行走,是亚洲北部最早的直立人,直立起来是成为"人"的重要标志。考古发现蓝田人的打制石器比较简单,又粗又大,但仔细研究发现,这时的蓝田人已有对不同类型石器分工的迹象。

北京猿人 北京猿人的体质形态比蓝田人有所进步,比较明显的是头盖骨厚度薄了一些,脑量有所增加,较为接近现代人的平均脑量。同时,其前额稍高,眉脊骨稍小,嘴部也稍向后收缩,头骨枕部窄而长。从他们的头骨情况来看,仍带有较明显的原始性。北京猿人身躯比现代人稍矮,他们使用的工具有骨器、木器,更多的还是石器。考古学家以北京猿人制造和使用的工具为依据,证明他们已经具备了人类的某些特征。

北京猿人还有一个更为进步的举措是已经会人工取火,这是一个确凿无疑的事实。在北京人居住过的洞穴中发现了厚达数米的灰烬层,说明篝火在这里连续燃烧的时间很久,也说明北京猿人已经懂得保存火种,不需要火时用灰土盖上,使火阴燃,到下次要用火时,扒开灰土,添上草木,经风一吹便能引燃。灰烬中被火烧过的石块、兽骨和朴树籽,则证明北京猿人已经能使用火烧熟食物。

▼原始人取火图

山顶洞人 山顶洞人是在北京周口店龙骨山的山顶洞穴里的人,他们已与现代人没有什么区别。山顶洞人的劳动工具同以前使用的工具相比,在质量上有很大提高。他们不但能够把石头打制成石斧、石锤,而且把野兽的骨头磨制成骨针。

他们过着群居生活,但他们的群居生活已经按照血统关系固定下来,彼此之间都有血缘关系。每个成员都是共同祖先生下来的,于是产生了原始人群。后来,又逐渐演变为氏族公社。

原始的农耕文明

母系氏族 在原始社会里，人们以血缘关系结成了氏族，最先产生的是母系氏族，这是中国历史进程中比较重要的阶段。而仰韶文化遗址就比较清晰地反映了母系氏族社会的面貌。仰韶文化分布在今河南西部、陕西中部和山西南部一带，这些地方分散着大量的母系氏族时的村落遗址。在一些地方，人们发现了女性有很高地位的埋葬习俗，如在陕西省华县元君庙和华阴县横阵村发现了很多母系氏族的迁移合葬墓。这些同坑埋葬的死者全部是迁移而来合葬的，人数并不是十分统一，男女老少都有，迁移合葬整个程序比较复杂。人死后，大概是先把尸体进行临时处理，遇到母系氏族中某个地位较高的妇女死亡后，就先直接把她的尸体仰卧埋在葬坑

▲河姆渡文化遗产——骨哨。狩猎工具，长6～10厘米，骨哨均用一截禽类的骨管制成，里边还可插一根可以移动的肋骨，用以调节声调。猎人利用骨哨模拟鹿的鸣叫，伺机诱杀靠近的鹿

主要位置，同时将和她同氏族的早死者的尸骨迁移过来，排在一起，同墓合葬。这种以妇女为中心的葬俗表明女性在氏族中占重要地位。

一个母系氏族公社有一位共同的女祖先。由于全体成员只能确认各自的生母，所以成年的妇女一代一代地成为确定本氏族班辈世系的主体。成年的男子则分散到其他氏族寻求配偶，实行群婚。每个氏族公社内部，存在着按性别和年龄的不稳定分工。壮年男子担任打猎、捕鱼和保护集体安全等需要较大体力的事务，而采集食物、看守住地、烧烤食物、缝制衣物、养老育幼等繁重任务，都落在妇女的肩上。她们是氏族公社原始共产制经济的主持者，又对确定氏族的血亲关系起着主导作用。

河姆渡氏族与半坡氏族 距今约7000年的河姆渡氏族，生活在长江下游地区。他们在木桩上搭建房屋；磨制石器、搓捻麻线；用骨耜、木耜耕田，种植水稻；用黑陶器烧饭、储存物品；饲养猪、狗和水牛。

在河姆渡遗址中发现了大量的稻谷，在一件刻有猪纹的陶器上也刻有一束稻穗。这表明我国是世界上人工种植水稻最早的国家之一。

在黄河流域西安附近的半坡氏族村落遗址，距今五六千年。村落布局整齐，多数房屋为半地穴式，屋内有做饭、取暖的火塘。这些人不仅能够使用磨制的石器，种植粟（脱壳后称为小米。我国是世界上最早种植粟的国家。）、蔬菜、麻等作物，用兽骨制作的箭头、鱼叉、鱼钩打猎捕鱼，还会用麻织布、烧制美丽的彩陶。

▲河姆渡文化遗产——灰陶刻纹陶钵。在母系氏族时期，人们制造的主要生活工具就是陶器，这些陶器反映了当时制陶技术的发展水平

中国上古的传说

传说距今四五千年，在黄河流域生活着各个部落，他们的首领分别是黄帝和炎帝。后来黄帝的势力逐渐大了起来，打败了南方的蚩尤部落。炎帝与黄帝部落结成了联盟，黄帝成为了部落联盟的首领。经过长期发展，炎黄部落联盟逐渐形成为华夏族，所以世界华人都自称为"炎黄子孙"。

后来黄帝的后人尧继位，他是一位贤君，创立了禅让制；尧传位给了舜，舜又传位给了禹。尧、舜、禹时期，我国原始社会正在向奴隶社会过渡，贫富分化出现，部落首领逐渐转变为贵族。

二帝战蚩尤 传说以黄帝为首领的部落，最早住在今陕西北部的姬水附近，后来沿着洛水南下，东渡黄河，在河北涿鹿附近定居下来，开始发展畜牧业和农业。

与黄帝同期的另一个部落首领叫做炎帝，当他带领部落向东发展的时候，碰到一个极其凶恶的九黎族的首领蚩尤。传说蚩尤有 81 个兄弟，全是猛兽的身体，铜头铁额，凶猛无比。蚩尤会铸刀造戟，还经常带着自己的部落，到处侵扰，闹得周围部落不得安宁。炎帝部落定居山东后，经常受到蚩尤的侵扰，炎帝几次起兵抵抗，但不是蚩尤的对手，被打得一败涂地。

炎帝战败后，带领他的部落逃到涿鹿，请求黄帝帮助复仇。黄帝早就想除掉蚩尤这个祸害，就与炎帝联合在一起，并联络其他一些部落，召集人马，在涿鹿郊外与蚩尤展开了一场殊死决战。

蚩尤也称得上一代枭雄，自不甘示弱。他集结所属 81 个支族，又联合巨人夸父部族和三苗一部，在兵数上已占据优势，又挟战胜炎帝之余威，并依仗精良的武器装备，气势汹汹地向黄帝扑来。黄帝临危不乱，率领以熊、罴、狼、豹、雕、龙、鸮等为图腾的氏族部众迎击蚩尤。黄帝还利用位居

▲黄帝像

▼炎帝像

▼黄帝战蚩尤图

▼舜逃难图 漆画

河上游的条件，令大将应龙"高水"，在河上筑土坝蓄水，以抵御蚩尤的攻势。

当时正值浓雾弥漫，大雨倾盆，这很适合来自东方多雨环境的蚩尤族开展军事行动。蚩尤适时利用天气变化不断偷袭黄帝军得手，于是得意忘形，趾高气扬，认为不多时黄帝就不得不束手就擒了。

黄帝毕竟不是等闲之辈，他知道恶劣气候不是己方进攻时机，就主动避敌锋芒，井然有序地组织后撤，因而保存了实力。不多久，风云突变，雨过天晴，黄炎联军反败为胜的契机来了。黄帝当机立断，一声令下，大将常先、大鸿从正面开始了反攻。

黄帝又利用狂风大作、飞沙走石的天时，命风后、王亥把经过训练的300匹火畜组成一支"骑兵"，朝蚩尤军心脏长驱直入。黄帝还准备了80面夔牛大鼓，趁风沙弥漫之时擂鼓吹号以震慑敌人。突如其来的反攻让蚩尤慌不择路，终于陷入崩溃，节节败退。蚩尤无心恋战，向南逃跑；而粗犷骄横的夸父不承认失败，率本部奔大鸿军杀来。突然一阵狂风，夸父眼着沙子，大鸿自不肯放过制敌机会，拦腰砍伤夸父，夸父军四散奔逃。

黄帝身边众多谋臣一再进言不可放走蚩尤，黄帝采纳群臣意见，联合炎帝族和玄女族紧追蚩尤，在冀州之野将之包围。轩辕命令擂鼓击钟，蚩尤军被钟鼓声震得耳聋眼花、溃不成军。蚩尤落荒南逃，被黄帝擒获并杀于野外。

尧舜禅让 黄帝年老，禅位于颛顼，依次帝喾、尧，都是过渡禅让。尧，是许多氏族部落联盟的领袖，被尊称为帝尧。

尧制定了历法，规定一年为365天，分为春、夏、秋、冬四季，使农、牧、渔、猎的生产活动按照自然规律进行。尧严格律己，体恤百姓。如果有人挨饿受冻，他就会说："这是我失职，是我造成的。"有人犯法，他也会说："是我把他陷在罪恶泥潭里去的。"尧把责任都揽在自己身上，深受百姓拥戴。尧身边还有一些能干的助手，例如一位叫后稷的人掌管农业，一位叫契的人领导军政，把部落治理得很有生气。

尧八十六岁那年，觉得自己的精力不够用了，就请大家推荐贤能的年轻人来接替领袖职位。虞氏部族的平民男子舜被推举出来，人们称他虞舜。尧对舜考察了一段时间，派他到各地去了解情况，回来汇报，以制定施政方针。尧发现他品行端正，才能突出，十分喜爱，便把两个女儿娥黄和女英嫁给舜，自己到各地去视察。舜代替尧执政近二十年，把各种事情办理得井井有条，天下众望所归。于是尧正式禅位，历史上称为"尧舜禅让"。

舜也启用很多贤人，推行宽厚的仁政，广开言路，

▼尧舜禅让图

听取不同意见,又经常到四方巡视,了解民情民意。在舜的治理下,各氏族部落进入了祥和繁荣的时期。舜到南方巡视时病逝在苍梧,葬于湖南的九嶷山。舜生前就推荐了禹,后来禹接替了舜的职位。禅让制度也得以延续。

大禹治水 大禹姓姒(sì),名文命,因治水有功,后人称他为大禹,也就是伟大的禹的意思。

部落联盟首领尧,为了解除水患,召开了部落联盟会议,请各部落首领共商治水大事。大家公推鲧去办理。

鲧到治水的地方以后,沿用了过去传统的水来土挡的办法治水,也就是用土筑堤,用来抵挡洪水。结果弄得堤毁墙塌,洪水反而闹得更凶了。

舜接替尧做部落联盟首领之后,亲自巡视治水情况。他见鲧对洪水治理不力,就把鲧办罪,处死在羽山(神话中的地名)。随后,他又命鲧的儿子禹继续治水。

▲大禹画像。大禹,部落联盟首领,治水的功臣

大禹领命之后,首先寻找了以前治水失败的教训,接着就带领助手一起跋山涉水,把水流的源头、上游、下游大略考察了一遍。

考察完毕,大禹对各种水情作了认真研究,最后决定用疏导的办法来治理水患。大禹亲自率领徒众和百姓,带着简陋的石斧、石刀、石铲、木耒等工具,开始治水。大禹指挥人们花了十年左右的工夫,凿了一座又一座大山,开了一条又一条河渠。他公而忘私,几次路过家门,都没有进去。第一次他路过家门口,正好遇上妻子生孩子,大家劝他进去看一看,照顾一下,他怕影响治水,没有进去;又有一次,他的孩子看见了父亲,非常高兴,要大禹到家里看一看,他还是没有进去。他把整个身心都用在开山挖河的事业中了。

治水成功之后,大禹来到茅山(今浙江绍兴城郊),召集诸侯,计功行赏,还组织人们利用水土去发展农业生产。他叫伯益把稻种发给群众,让他们在低湿的地方种植水稻,又叫后稷(jì)教大家种植不同品种的作物,把水害变成了水利。伯益又改进了凿井技术,使农业生产有了较大的发展,到处出现了五谷丰登、六畜兴旺的景象。

大禹因治水有功,被大家推举为舜的助手。过了17年,舜死后,大禹继任部落联盟首领。

▶禹王治水

12

第二章
先秦时期的朝代更替

公元前21世纪,夏朝的建立标志着早期国家的产生。自夏、商、西周到春秋、战国,社会发生了剧烈的变革。本章讲述了在中华大地上国家的产生和社会变革。

本章内容:

夏朝的建立

夏商周三朝的交替

春秋争霸与战国七雄

春秋战国的科学与文学

儒学先师孔子

夏朝的建立

公元前 21 世纪，夏朝的建立标志着早期国家的产生。

夏启夺嫡 禹死以后，禹所在的夏部落的贵族却拥戴禹的儿子启继承了禹的位子。这样一来，氏族公社时期的部落联盟的选举制度正式被废除，变为王位世袭的制度。我国历史上第一个奴隶制王朝——夏朝出现了。

自古以来施行公天下制度，能者居之，而启现在实行家天下的世袭制度，使得王道更替，各族部落首领对此颇有不满。其中有扈氏拒不赴宴。启大怒，发兵讨伐有扈氏，有扈氏战败被灭。这时众部落首领意识到了事态的严重，不敢再有异议。启这才在各首领中建立了威信，使得各方首领此后称臣于夏后氏。启封这些部落首领为诸侯，令他们的部落为诸侯国，各诸侯国以夏后氏的地位为尊，并且每年要向夏后氏进贡牛羊粮食和奴隶，从此建立了一种以强力治国的国家制度。统治者依靠自己的势力强迫奴隶为他们劳动，一时间社会的生产发展得很快，夏王朝出现了繁荣的局面。

少康中兴 启晚年生活奢侈，沉迷声色，朝中政事不修。他死之后，王室内乱。五个儿子为了争夺权位，展开了激烈的斗争。后来权位被其中之一的太康所得。太康即位后，不但没有改善朝政，反而变本加厉，流连于美色酒肉之中。东夷有穷国之君后羿趁太康出去田猎之时，领兵拦截了太康的归路，将太康射杀。太康一死，后羿便轻而易举地取得了朝中的权位，得以号令诸侯。后羿得位以后，居然像太康一样终日沉湎于酒色，不问政事。后被亲信寒浞暗杀，寒浞当上了国君。寒浞为绝后患，派人诛杀身为王室的夏后氏族人。太康弟弟仲康的孙子少康得以逃生。

后来少康在有虞国的帮助下领兵大败寒浞，光复夏室，结束了夏初长达数十年的动乱，百姓欢呼雀跃，拥立少康即位，大夏的政权重归夏后氏。少康即位，封赏功臣，铲除奸佞，重振朝纲。他吸取了太康、后羿和寒浞的教训，摒弃王宫陋习，从此勤政爱民，大力发展农耕，使夏朝一度出现了繁荣局面。史称"少康中兴"。

◀夏都邑图

夏商周三朝的交替

商汤灭夏 夏王朝经过很长一段时间的稳定局面,但到了王朝的后期内乱不断。夏王朝最后一个王——桀暴虐无道,是历史上著名的暴君,导致王朝动荡不安。商族部落首领商汤乘虚而入,商汤率领大军在鸣条与夏朝军队大战,桀败逃而死。夏王朝灭亡,商王朝诞生。

盘庚迁殷 商朝前期,政局动荡不安,曾多次迁都。到盘庚继位时,政治上的混乱现象仍然相当严重,阶级斗争也日趋激烈。盘庚为挽救政治危机,决定再一次迁都,他选择了前面是河而背后靠山的殷(今河南省安阳西北)作为新都所在。但是无论贵族或平民,都反对迁都。

因此,在迁都前后,盘庚反复劝说贵族,要求他们一同迁往新都,共同做出一番新的事业。同时,又严厉告诫民众,要他们随同迁往,不然就要斩尽杀绝。

迁殷以后,盘庚实行仁政,使政治局势逐渐趋于稳定,社会经济和文化也随着出现了一个新的发展局面。所以商朝也叫做殷朝,迁都促进了经济与文化的发展。

▲夏王桀。中国夏朝第十七任君主,也是最后一任君主,名履癸。后世的文献将他描述成一个暴君。他宠信王后妹喜,对政事不闻不问,还大量残杀忠良。结果商汤起兵,桀逃到鸣条;在鸣条之战中桀战败,夏朝就此灭亡

▼夏王启。启是夏朝第一任国王。姓姒。禹的儿子。母亲是涂山氏族的女子。按照竹书纪年,他在位39年。儿子至少有五人,其中有太康及仲康

▼河南偃师商城遗址。学者认为此即商汤建立的"西亳"都城

暴君商纣
商代最后一个王商纣王连年发动战争和大规模建造琼宫瑶台,大大耗费社会的人力与财力,促使社会矛盾激化,周武王联合羌、卢等部落,共同伐纣,一直打到朝歌。奴隶们不愿为荒淫无度的纣王卖命,纷纷倒戈。经过牧野之战后,纣王自焚,商朝从此灭亡,周王朝建立。

周朝的建立
中国历史上继商朝之后的朝代,建都于宗周(今陕西省西安市西部),由于周朝后来将都城东迁,所以称这一时期的周朝为西周。

周文王死后,太子姬发继位,也就是周武王。周武王即位时,商王朝已经是内外交困。周武王伐纣,攻克殷都,定都镐京,正式建立了周王朝。

分封诸侯
为了统治新征服的广阔地区,西周初年,大行分封,建立起众多的诸侯国。周王自称天子,封自己的亲属和有功的贵族为诸侯,赐给他们土地与人民。受封的诸侯要忠于周王,为周王镇守疆土,并交纳贡赋,率军随周王出征作战。

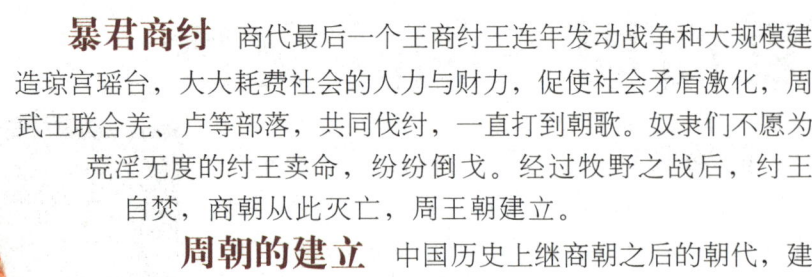

▲商汤像。汤(?—前1571年)商朝的创建者(前1600年—前1571年在位),在位30年,今人多称商汤,又称武汤、天乙、成汤、成唐,甲骨文称唐、大乙,又称高祖乙,原商族部落首领,与有莘氏通婚后,用贤臣伊尹为相,积极治国,准备灭夏。

▲周武王姬发。周武王(约公元前11世纪),西周的创建者。姓姬,名发,庙号为武王。他是周文王的次子,母亲为太姒,后来娶姜尚的女儿邑姜

◀西周分封诸侯图。周王为了巩固其统治地位,采取了"众建诸侯、裂土为民"的分封制

二里头文化的意义

二里头文化的特征 探索二里头文化，是探索夏文明和中国古代文明的主要对象之一。

龙山文化是二里头文化的主要来源，二里头文化继承了龙山文化的传统，从出土的文物可以看出，包括了农业、冶炼、制陶和生活方式等。

二里头文化时期是文献记载中的夏代，在夏王朝建立前后，与夏族发生战争的主要有北方的共工氏、东方的东夷、南方的三苗，商族兴起之后，逐渐向夏王朝挑战，这些巨大的外部压力使夏族人迫切需要武装起来，也刺激了夏族人发明与改进武器。出土文物发现了很多精良的青铜兵器，与此同时青铜器已广泛使用于手工业劳动与农业劳动，如发现的刀、锥、锛、凿等。中国青铜器的制造技术在二里头时期已经相当发达。

▲龙山文化彩陶秋韵

虽然仰韶文化遗存中已有马的遗骸，龙山时代的遗址也发现了马骨，但根据先秦时期文献来看，二里头的夏族人已经驯养马。《礼记·明堂位》记载："夏后氏骆马黑鬣。"如果夏族人掌握了马和战车，就会在军事上具有优势，这对在中原地区出现政权起到了催化作用。

二里头文化的意义 二里头文化形成之后，中国古代文明的中心就出现了，二里头文化在空间上波及面很广，东到海滨、西至陕甘、南抵川鄂、北至辽东，大量出土文物都可看出二里头文化的影响，堪称空前。二里头文化促进了中国古代文明初步繁荣，也为后来的商周时代中国古代文明更大的发展打下了坚实的基础和留下了丰富而珍贵的遗产。

在农业方面，二里头文化的农具多为商代沿用，可以想象，二里头的农业传统和基本耕作方法都对商代农业的发展起了极大的推动作用。

▼龙山文化出土玉斧

在手工业方面，二里头文化的青铜冶炼技术为早商青铜业全盘继承，礼器中的鼎、爵，兵器中的戈、全族，文具中的刻刀、锥，玉器中的琮、版饰物与早商时期同类器物十分相像。而陶器上的部分纹

三星堆遗址的特点

在三星堆出土的上千件青铜器、金器、玉石器中，大量的人头像、人面像、人面具、跪坐人像等，都器形高大、造型生动、结构复杂。其中一尊立人像高达2.62米、重180多公斤，人像头戴兽面形高冠，身着衣服三层，两臂上抬，两手呈持物献祭状。这样高大的青铜铸像在商代青铜文明中是独一无二的。

饰后来成为商、陶的重要组成部分。

二里头文化的宗庙建筑形成与格局为商代提供了效仿模式，表现在前庭后殿、周围有夯土高台。一般认为，周礼也是在夏礼的基础上形成的，反映了礼制内容和人的意识的前后传承关系，只是到了周代，礼范围更大、内容更深化罢了。

在夏商周这个中国古代文明形成并初步发展时期，夏朝是源头，商朝继承了大量文化传统和文明因素，有了更高的起点，以后的周文化则是二里头文化的间接继承者。由此，中原地区的先进文化的凝聚力进一步加强，文明中心的地位更加巩固。

三星堆：千古之谜

▲三星堆出土文物

出四川广汉三四公里，有三座突兀在成都平原上的黄土堆，三星堆因此而得名。1929年春，当地农民燕道诚在宅旁挖水沟时，发现了一坑精美的玉器，由此拉开三星堆文明的研究序幕。1986年，三星堆两个商代大型祭祀坑的发现，上千件稀世之宝赫然显世，轰动了世界。

三星堆文化来自何方？这里数量庞大的青铜人像、动物不归属于中原青铜器的任何一类。青铜器上没有留下一个字，简直让人不可思议。

出土的"三星堆人"高鼻深目、颧面突出、阔嘴大耳，耳朵上还有穿孔，不像中原人。考古学家认为，三星堆人有可能来自其他大陆，三星堆文明可能是不同文明的混合。

古蜀国的繁荣持续了1500多年，然后突然地消失了。历史再一次衔接时，中间已多了2000多年的神秘空白。有人认为，三星堆遗址北临鸭子河，马牧河从城中穿过，因此是洪水肆虐的结果。但考古学家并未在遗址中发现洪水留下的沉积层。又有人认为，遗址中发现的器具大多被事先破坏和烧焦，可能是战争的结果。考古学家认为，大量带有不同地域特征的祭祀用品表明，三星堆曾是世界朝圣中心。在坑中出土了5000多枚海贝，经鉴定来自印度洋。

在祭祀坑中发现了一件价值连城的瑰宝——世界最早的金杖。其权杖刻有鱼、箭头等图案。

三星堆的发现令人重新认识巴蜀文化。因为这与长期以来历史学界对巴蜀文化的认识大相径庭，有些地方甚至完全不同。例如历史学界一向认为，与中原地区相比，古代巴蜀地区是一个相对封闭的地方，与中原文明没有关联。而三星堆遗址证明，它应是中国夏商时期前后，甚至更早的一个重要的文化中心，并与中原文化有着一定的联系，验证了古代文献中对古蜀国记载的真实性。以前，历史学界认为，中华民族的发祥地是黄河流域，然后渐渐传播到全中国。而三星堆的发现将古蜀国的历史推前到5000年前，证明了长江流域与黄河流域一样是中华民族的发祥地，证明了长江流域地区存在过不亚于黄河流域地区的古文明。也有观点认为三星堆代表了古羌人彝人文化。

春秋争霸与战国七雄

春秋五霸 西周灭亡后,周平王(公元前770年在位)将都城东迁洛邑,重建统治秩序,史称东周。东周前期也称春秋时期,是因孔子修订《春秋》而得名的。春秋时代周王的势力减弱,群雄纷争。齐桓公、晋文公、楚庄王、吴王阖闾、越王勾践相继称霸,史称"春秋五霸"。

齐桓公称霸 齐国在今山东省的北部,是东方一个大国。它地处海滨,拥有丰富的渔盐和矿藏,到了春秋年间,农业、手工业,特别是冶铸、纺织取得了迅速的发展。

▲春秋五霸分布图,春秋时代周王的势力减弱,群雄纷争使国家处于分裂和战乱之中

管仲年轻时家境贫困,鲍叔牙发现管仲有才能,所以经常和管仲交往,管仲在某些事上骗了他,鲍叔牙也没有怨恨,反而一直善待管仲。后来,管仲侍奉齐国公子纠,鲍叔牙侍奉公子纠的弟弟小白。

公元前681年,齐国国君死后,小白即位,立为齐桓公,鲁国却支持小白的哥哥公子纠,因此齐国和鲁国之间发生战争。

齐国战胜,鲍叔牙向鲁庄公要求处决公子纠,并把管仲交给齐国。鲍叔牙劝说齐桓公免了管仲的死罪,并任用管仲为相。

▲管仲,名夷武,字敬仲,史称管子。出生于颍上(今安徽颍上县),春秋时期的哲学家,著名政治家,帮助齐桓公成就霸业

齐桓公任用管仲为相进行改革,很快收到了富国强兵的效果。齐国国力日益强盛,连续灭了周围小国,消除了周边少数民族的扰害,保证了这一地区的安定和经济的发展,在诸侯中树立了很高的威信。

当齐国忙于对付周边的少数民族时,楚国日益强大,接连灭了多个小国。为了制服南方的楚国,齐桓公率领齐、鲁、宋、陈、卫、曹、郑、许八国军队,讨伐楚国,后双方在召陵(今河南郾城东)订立盟约,齐国取得了霸主的地位。此后,齐桓公几次大会诸侯,周天子也派人参加。齐桓公霸业达到了顶峰。

齐桓公去世后,内部争权夺利,齐国霸业骤然衰落了。

晋文公称霸 正当南方的楚国势力

向中原发展的时候，北方的晋也已成为强国，两国之间又展开了争夺中原霸权的斗争。

晋献公执政时，晋国统治集团内部进行了激烈的争权夺利的斗争。晋献公的儿子重耳遭到迫害，离开了晋国都城绛，到蒲城，他父亲晋献公派人追杀重耳，重耳侥幸逃走。

晋献公逝世后，重耳的弟弟夷吾登君主宝座，自立为晋惠公。

晋惠公派人第二次追杀重耳，逼得重耳和他的忠臣流亡了多个国家，最后，重耳到了秦国，秦穆公热情接待他，并把五个女子许配给他，其中有秦穆公的亲生女儿怀嬴。公元前636年秦穆公护送重耳回晋国。流亡在外19年的重耳回国后即位，就是晋文公。

▼晋文公重耳，春秋五霸之一

晋文公知人善任，赏罚分明，建立起强大的军队，创造了从事霸业活动的条件。

就在晋文公即位的同一年，周襄王被其弟叔带勾结狄人赶跑，流落在外。晋文公抓住这个时机，约会诸侯用武力平定了叔带的叛乱，恢复了周襄王的地位，博得了"尊王"的美名，接着又用全力南征与楚争霸。

楚国为了保持在中原取得的优势地位，联合陈、蔡等国，出兵伐宋。晋国也在宋、齐、秦等国的声援下，向楚的附庸曹、卫进攻，迫使楚军北上，于是发生了历史上有名的城濮之战。战斗以晋胜楚败而告结束。

城濮之战后，晋文公在践土（今河南原阳西南）大会诸侯，最终成就了霸业。

▲春秋几何纹钺。由于战争不断，兵器的制造技术也发展很快，一定程度上促进了生产工具的改进

▼晋文公复国图局部

吴越相争 吴国位于今天的江苏南部。吴王阖闾执政时,在楚国逃亡而来的大臣伍子胥的协助下,进行了政治、军事等方面的改革;同时,又任用著名政治家和军事家孙武,发展了吴国的实力。

越国在今浙江北部,本是越族的一支。公元前496年吴国与越国交战,吴国兵败,阖闾被杀。他的儿子夫差继位,立志要报仇。越王勾践不听大臣范蠡劝阻,仓促中抢先出兵攻吴,结果大败。吴军乘胜占领越都会稽,将勾践围困在会稽山。范蠡建议勾践求降,由勾践亲自去吴国做人质。勾践采纳了这一建议,去吴国给夫差做了3年奴仆,最终骗得夫差的信任,被释放回越国。

公元前482年,勾践趁夫差北上会盟的机会,出兵消灭了吴国,夫差自杀。勾践踏着夫差的途径北进,在徐州(今山东滕县)大会诸侯。

卧薪尝胆

勾践回国后发誓复仇灭吴。他为了磨炼意志,不过舒适的日子,床上不用褥子而铺柴草,还经常预备一个苦胆,随时尝一尝苦味,以不忘会稽之耻。勾践常常笼络群臣百姓,外出巡视,一心想寻找机会报仇。有一年,越国向吴国进贡蒸熟的种子,第二年吴国粮食歉收造成大饥,削弱了吴国的国力。

战国七雄 战国时期诸侯混战,社会非常不稳定。战国初期中国境内尚有十几个国家,但小一些的很快都被吞并了。

◀春秋战车复原图。春秋时期战乱不断,战车是当时比较先进的战争工具之一

七国的疆域

战国时期，魏国占有今山西南部、河南北部，以及陕西、河北的部分地区，初都安邑（今山西夏县），后迁都大梁（今河南开封）。赵国占有今山西中部、陕西东北部、河北东南部、山东西部和河南北部，初都晋阳（今山西太原），后迁都邯郸。韩国占有今山西东南部、河南中部、西部，初都平阳（今山西临汾），后迁到郑（今河南新郑）。齐国占有今山东偏北的大部，及河北东南部，都临淄（今山东淄博）。楚国占有今湖北、湖南、江西、安徽、江苏、浙江等省，其势力曾达到陕西东部、河南南部、山东南部及四川东部，是七国中疆域最大的国家，原都郢（今湖北江陵），后迁都陈（今河南淮阳）。燕国占有今河北北部，山西东北部及辽宁西南部，都蓟（今北京）。秦国占有今陕西中部、甘肃东南部、四川北部、河南西部，以及青海、宁夏的部分地区。初都雍（今陕西凤翔），后徙都栎阳（今陕西富平），再迁咸阳（今陕西咸阳）。

剩下来的七个大国秦、楚、韩、赵、魏、齐、燕被称为"战国七雄"。

战国时期，诸侯兼并土地战代替了春秋时期政治上的霸权争夺，在这个时期铁器代替了石器和青铜器，春秋时的井田制被取消，牛被用来耕地。各国之间的商业贸易得到发展。手工业的进步也很快。

商鞅变法 秦国的社会经济发展比较迟缓，秦孝公即位（公元前361年）后感到国力贫弱，被其他诸侯国所轻视是莫大的耻辱，决心发奋图强，进行改革。他下令"求贤"，注意选拔人才。就在这时，商鞅从魏国来到秦国，帮助秦孝公实行"变法"。商鞅变法主要内容：

（1）用法令形式废除了奴隶制的井田制。把土地授给农民，允许土地买卖。从法律上维护了封建土地私有制，有利于地主经济的发展。（2）奖励军功。普通士兵立有军功，也可以封爵受赏。国君的宗族没有军功的，不能享受贵族的特权。这对旧贵族是个沉重的打击，而对于当时新兴的地主阶级来说，则产生了很大的鼓舞作用。（3）实行重农抑商政策。商鞅认为农业是"本业"，是国家富强的基础；而把商业和手工业称为"末业"。（4）普遍推行县制。使县成为直属于国君的地方组织，加强了中央集权。（5）建立连坐制。就是一家犯法，连带邻里一起坐牢，主要目的在于防范人民的反抗。（6）统一度量衡。商鞅颁布了标准的度量衡器。

商鞅所采取的以上改革措施，目的是破除奴隶制度，巩固和发展封建制度，从本质上说这是一场地主阶级的政治革命。

由于商鞅变法触犯了旧贵族的利益，自始至终遭到很多贵族的反对。秦孝公去世后，秦惠王即位，商鞅被"车裂"而死。商鞅虽死，秦法却没有失败。商鞅变法的成功，使原来比较落后的秦国一跃而成为战国时最先进的强国，为以后统一六国打下了基础。

▼废井田开阡陌图

▼战国时期的铁镰刀和铁犁头。表明当时农业生产工具的进步

春秋战国的科学与文学

能工巧匠鲁班 春秋末叶的公输般,鲁国人,又称鲁班。相传鲁班创制了"机关备具"的"木车马",以及磨子、碾子等,人们称颂他是"机械之圣"。

鲁班对后世有巨大的影响,几千年来,一直被奉为木工、石工、泥瓦工等工匠的祖师,为人类建筑机械的发展作出了巨大贡献。

端午节的由来 战国时期,楚国的诗人吸收了南方民歌的精华,融合了古代神话和传说,创造出了新体诗——"楚辞"。伟大诗人屈原是楚辞的创始人和代表作家。

▲凤鸟花卉纹绣。表明男耕女织已成为当时的主要劳动形式

屈原,名平(生于公元前340年),出身于楚国的贵族。他主张改良内政,联齐抗秦。但是受到奸人的迫害,一再遭到放逐。后来秦国大将白起带兵南下,攻破了楚国国都,屈原在绝望和悲愤之下于同年农历五月初五投汨罗江而死。传说当地百姓投下粽子喂鱼以此防止屈原遗体被鱼所吃,后来逐渐形成一种仪式。以后每年的农历五月初五为端午节,人们吃粽子、划龙舟以纪念这位伟大的爱国诗人。

屈原的政治生活虽然是个悲剧,但作为诗人,他给后人留下了《离骚》《天问》等二十多篇不朽的诗篇。这些都是中国文学宝库的珍贵遗产。

▼扁鹊像。扁鹊,姓秦,名越人。中国春秋战国时期渤海郡莫州(今河北任丘)人。扁鹊奠定了中医学的诊断方法,开启了中国医学的先河

名医扁鹊 战国时代的医学有很大的发展。医学家已懂得人体解剖,知道内脏、血管和血液循环的情况。治病已有较多的分科,如内科、外科、妇科、小儿科等。

诊断方法已有望、闻、问、切。医疗器械有"针""石""熨"等。治病用的药除一般饮用的汤药外,还有药酒和药膏。

齐人扁鹊是春秋战国之际的名医,他不仅精通内科,而且熟悉妇科、小儿科、五官科。

儒学先师孔子

孔子,名丘,字仲尼,生于公元前551年,是鲁国陬邑(今山东曲阜)人,春秋末年的思想家、政治家和教育家,同时也是儒家学派的创始人。由于父亲早逝,家中贫困,孔子只好瞒着母亲,辍学在叔孙氏家放牛。叔孙氏家有许多藏书,孔子经常借来阅读,成了知识渊博的人,孔子的名声也渐渐传开了。

孔子不到30岁,就已经掌握了"六艺",也就是礼节、音乐、射箭、驾车、书写、计算。此外,还掌握了以《诗》《书》《礼》《乐》《易》《春秋》为代表的各种文献资料,真正是才高八斗、学富五车了。这样一来,许多人都愿意拜他为师,他便办了一些私塾,收了许多学生,并提出有教无类的教育方针。

孔子在34岁时,赴洛阳会见道家学派的创始人老聃。这一次会见,使孔子学到了周朝的礼乐及文物制度。孔子对老子的道家思想佩服得五体投地,称他为云中之龙。公元前513年,鲁国发生"三桓"之乱,孔子也在鲁国待不下去了,只好来到齐国。齐景公待他很客气,还向孔子询问了治国的道理,孔子提出了"正名"的主张,即所谓"君君、臣臣、父父、子子",也就是说,君、臣、父、子都应当名副其实,各自都按等级名分的要求行事。齐国宰相晏婴认为孔子学说不过是书生之见罢了,并非齐国的当务之急。齐景公听从晏婴的话,决定不用孔子。这样,孔子便离开齐国,又回到鲁国教书,跟他学习的人越来越多。

孔子先后到过卫国、曹国、宋国、郑国、陈国、蔡国、楚国。这期间,孔子曾经在陈、蔡之间受困,7天没吃上饭,但孔子依旧不改其初衷,坚持讲诵弦歌,表现了他乐观豁达的人生态度。

公元前484年,孔子又回到了鲁国。鲁哀公季康子和大臣们多次向孔子问政,但最终还是没有起用孔子。此后的5年里,孔子专心从事文献整理和教育事业,删《诗》《书》,定《礼》《乐》,修《春秋》,授徒多达3000多人,其中,道德高尚精于六艺的就有72位贤人。

公元前479年,孔子去世。孔子为后代留下了丰富的思想遗产。孔子强调"仁",这就是充满人道主义的光辉思想,也是春秋时期社会动荡不安的客观反映。经孔子编著整理保存下来的诸如《春秋》《尚书》《诗经》等书籍,对后世的学术思想影响极大。

▲孔子像。孔子(前551年—前479年)

第三章
中国开始大一统的时代

公元前221年秦兼并六国,实现了国家的统一。秦汉时期,统一的多民族国家得到初步巩固,本章讲述了统一国家的建立及后朝的发展。

本章内容:

大秦帝国的兴亡始末

西汉时期国家的强盛

东汉的衰败

两汉时期的外交

罢黜百家,独尊儒术

秦汉思想、史学和艺术

秦汉科技的发展

大秦帝国的兴亡始末

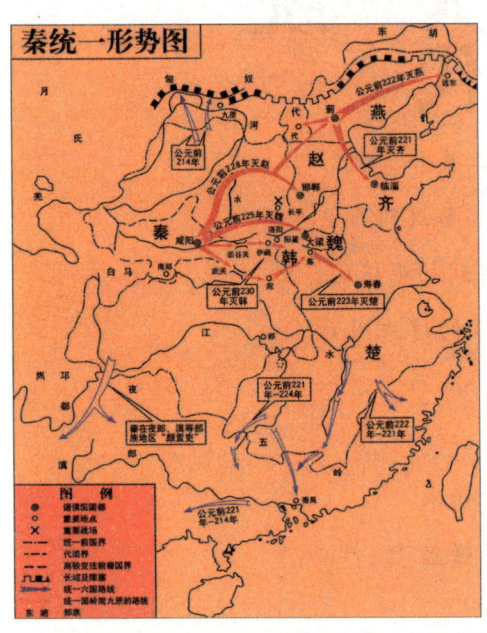

▲秦统一形势图。秦始皇灭六国统一了全中国

皇帝的由来

战国时,各国最高统治者都尊号为王。秦王嬴政统一六国后,认为自己德高三皇,功过五帝,王的称号已不能显示他至高无上的权势和地位,因此更改名号,把古代传说中最尊贵的三皇五帝的称号合而为一,号称皇帝。

自此,皇帝便成为封建国家最高统治者的称号。此外,他还规定皇帝自称"朕","命"称"制","令"称"诏",印称"玺"。规定皇帝按照世代排列,第一代称始皇帝,后世以二世、三世计,"传之无穷"。

天下统一 秦王嬴政根据李斯"先取韩,以恐他国"的策略,从公元前230年起,全面发动兼并六国的统一战争。此时七雄之中只有赵国可以勉强与秦国抗衡,但公元前262年的长平之战,赵国惨败,40万赵军被坑杀,赵国实力已大损。秦国于公元前236年和公元前232年先后两次进攻赵国,但由于赵国大将李牧的英明指挥而没有成功,但赵国的实力大为削弱。公元前230年,秦军大举进攻韩国,韩国几乎没有进行任何抵抗,就被秦军迅速攻下其都城新郑,韩国灭亡。第二年秦国再攻赵国,李牧率兵抵抗,双方相持一年之久,后秦国因用反间计,赵国将李牧处死,赵国再无统兵将领,于公元前228年赵国灭亡。灭赵同时,秦军兵临燕境,燕国太子丹派荆轲刺秦王未遂,向秦国求和。随后,秦军十万进攻魏国,魏王向齐国求救未成,于公元前225年魏国灭亡。公元前225年秦军南下伐楚,楚国奋力抵抗,秦国大将王翦终于在公元前233年灭亡楚国。这时秦国已再无敌手,公元前222年秦灭燕国。公元前221年秦灭齐国,至此天下一统于秦王朝。

文字、货币和度量衡的统一

在统一六国之前,诸侯国各自为政,文字、度量衡、货币等均有不同,秦始皇在全国统一之后采取了许多统一的措施。

在秦统一之前,文字的形体非常混乱,同一个字所采用的声符、形符都有很大的差异,这给

◀秦始皇像。秦始皇(前259年—前210年),姓嬴,名政,13岁即王位,39岁统一中国,建立秦朝,称始皇帝,是中国历史上第一个皇帝

▲秦代长城。秦长城把过去秦、赵、燕三国长城连接起来，从临洮到辽东绵延万里，从此始有"万里长城"之称

政令的推行和文化的交流造成了严重障碍。因此，秦始皇命令丞相李斯、中车府令赵高、太史令胡毋敬等对文字进行整理，制定出小篆，作为标准文字，通用于公文法令。后来程邈又根据当时民间流行的字体，整理出更为简便的新书体——隶书，作为通用文字在全国范围推广，这对推行法令、传播文化起了重要的作用。

战国时期不仅各国自铸货币，而且在一个诸侯国内的各个地区也都自铸货币，其形状、大小、轻重各不相同，特别是价值不等，换算困难。秦灭六国后，实行统一货币措施：货币分二等，以黄金为上币，以镒为单位；圆形方孔的铜钱为下币，以半两为单位。这就改变了过去货币不统一的混乱状态，便利了各地商品交换和经济交流。

战国时期，度量衡制度相当混乱。秦统一后，把商鞅变法时制定的度量衡制度推行到全国，并专门颁发了统一度量衡的诏书，把它铭刻在官定的度量衡器上，发到全国，作为标准器具。秦朝统一度量衡的目的在于保证政府的赋税收入，但它对消除各地割据势力的影响，以及促进经济发展、文化交流也起了重要作用。

北筑长城

匈奴族是居住在我国北方的游牧民族之一，长期以来活动于南达阴山，北至贝加尔湖之间，成为北方一个强大的游牧民族。

秦统一后，匈奴族对秦的威胁仍然很大。

为了解除匈奴的威胁，秦始皇派大将蒙恬率30万大军收复了河套南北的广大地区。为了进一步巩固这里的统治，秦朝又修筑了举世闻名的伟大工程——长城。秦朝把过去

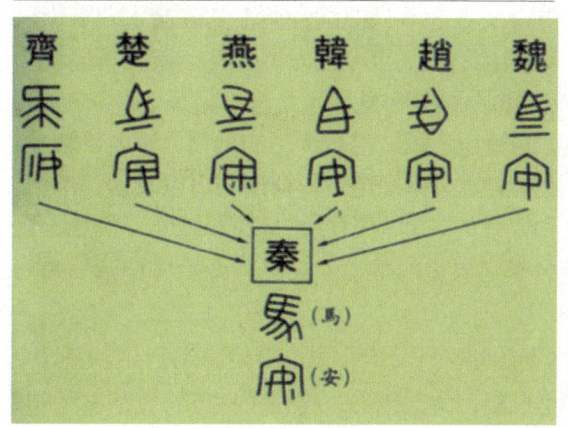

▼秦统一文字示意图。文字的统一使人们的交流更加方便，促进了全国文化的发展和民族的融合

疆域广阔

公元前221年，秦始皇灭六国，统一了中国，使得中国的版图到达长江流域以南的地带。接着由于开拓南越，使中国的版图包括了两广，以至扩张到今天越南北部一带，使得秦帝国（中国）成为了当时世界上最大的帝国。这时的秦帝国（中国）的版图疆域甚至比亚历山大建立的希腊帝国还要大，更是远超过波斯帝国、亚述帝国、巴比伦帝国及埃及王国等。

焚书坑儒

到公元前213年（秦始皇三十四年），有个叫淳于越的人批评秦始皇废分封，设郡县。丞相李斯加以反驳。李斯指出，时代不同，治理的方法也应该不同。儒生们借助古人的话来诽谤当世，如不加以禁止，统一可能遭到破坏。因此他建议：

一、除《秦纪》、医药、卜筮、农书，以及国家博士所藏《诗》《书》、百家语外，凡私人所藏儒家经典、诸子和其他历史古籍，一律限期交官府销毁。

二、谈论《诗》《书》者处死，借助古人的话诽谤当世的人灭族。

三、严禁私学，"以吏为师"。

秦始皇支持了李斯的建议。这就是历史上的"焚书"事件。

公元前212年，一些方士和儒生因对秦始皇不满进行议论，于是秦始皇下令追查，共逮捕了460人，全部坑杀在咸阳。这就是历史上所说的"坑儒"事件。

秦、赵、燕三国长城连接起来，修筑了一条从临洮（今甘肃岷县）一直到辽东碣石的万里长城。这条长城对于抵御匈奴的骚扰，保障内地人民生产和生活的安定，起了重要的作用。

长城也是世界历史上最伟大的建筑之一，充分体现了中国古代劳动人民的高度智慧和无限的创造力。

始皇暴政

强大的秦王朝从建立到灭亡不过几十年，灭亡的根本原因在于秦始皇的暴政，主要体现在赋役和刑罚两个方面。

秦始皇时期，征收的赋税十分沉重。秦朝的赋税分为田税、口赋两种，据汉代董仲舒所言，秦朝赋税"二十倍于古"。

另外，秦朝的徭役更是十分繁重。秦朝规定：15岁开始服役，至60岁。一生中须正率一年，屯戍一年，每年还要更率一个月。

秦始皇不断大兴土木，在咸阳及别的地方修建宫殿，其中以阿房宫的修建为最。公元前212年，秦始皇说所住宫殿太小，决定修建阿房宫。阿房宫东西500步，南北50丈，宫中可容纳万人，其宫殿之高，可将高5丈的旗杆竖于其中。南山之顶建筑门阙，是宫殿之前的建筑物。秦始皇觉得在这样的地方举行朝会、庆典、议事才能体现皇帝的尊贵。秦始皇不仅活着要享尽人间富贵，死后仍要穷奢极侈。在他即位之初，就开始在骊山修建规模宏大的陵墓。统一六国后，更役使数十万人继续营造，其陵高120多米，周长2167米。除陵墓主体外，还有数量巨大的兵马俑。至今已发掘了三个秦兵马俑坑。据统计，秦朝人口约2000万，每年服徭役的就达到200多万人。

为了巩固自己的统治，秦始皇采用严厉的镇压手段，实行严厉的刑罚，其名目繁多，可分为死刑、肉刑、徒刑、连坐等几种，并且秦朝法律规定，各种刑罚可以重用、单用、合用。秦朝的种种刑罚，主要是针对农民和奴隶的，对他们往往是轻罪重处，例如，服役的刑徒在生产中，若稍稍损坏器具，就会遭到很重的鞭笞。总之，秦始皇称帝后，秦朝的法律更严苛了。

陈胜、吴广起义

公元前210年（秦始皇三十七年）秋，秦始皇巡行到沙丘（今河北平乡县东北）途中病死。宦官赵高拉拢李斯，伪造诏书，废公子扶苏，立胡亥为帝，就是秦二世。

秦二世是一个昏庸的君主，其残暴程度超过秦始皇。他在埋葬秦始皇时，竟下令把后宫无子女的宫女全部殉葬，又怕泄露陵墓内的秘密，把修陵的工匠也活埋了。秦二世豢养了大量的狗马禽兽，供其游猎之用。咸阳粮草不够用，便令各郡县官吏逼迫人民征送。运输粮草的人要自带干粮，不许吃咸阳300里以内的粮食，将农民推入了死亡的绝境。

公元前209年，秦二世让淮河地区的900人到渔阳（今北京密云）去守卫，当时正是七月，雨量非常大，这些人走到大泽乡（今安徽宿县西南）的时候，天下起了大雨，无法继续走路，这样就不能准时赶到了，按照当时法律是要处死的。无法生存的人们在陈胜和吴广的率领下杀死押送他们的军官，揭竿而起。

▲陈胜、吴广像。陈胜，字涉，秦朝阳城（今河南登封）人。吴广，字叔，阳夏（今河南太康县）人。两人在大泽乡起义。占领陈县（今河南淮阳县）后建立了中国历史上第一个农民政权，号曰"张楚"。但因为得势后骄傲，被秦军反攻，陈胜最后被车夫庄贾杀害

大泽乡起义不到一个月，起义军就壮大到了几万人。起义军分兵出击，主力向关中进发，一直打到咸阳附近。由于各路起义军配合不力，在秦军反扑下，起义最终失败，陈胜、吴广也相继遇害。

陈胜、吴广领导的农民战争，虽然前后只有6个月时间，但是他们所领导的历史上第一次农民大起义，却产生了深远的影响，鼓舞着后来的千千万万农民反抗封建统治的斗争。

秦朝的灭亡 陈胜、吴广牺牲后，反对秦朝统治的斗争暂时受到挫折，但是新的斗争高潮很快兴起。继续领导农民进行反秦斗争的是项羽和刘邦。

公元前207年，秦将章邯率秦军主力围攻巨鹿。项羽率起义军前去救援。项羽军队在9天之内获9次胜仗，使巨鹿解围并迫使章邯投降。巨鹿之战是秦末农民起义军消灭秦军主力的一次决定性战役。

起义军的胜利使统治集团内部矛盾加剧。赵高惧怕秦二世追究军事失败的罪责，杀掉了秦二世，立秦二世的侄子子婴为王，去帝号，称秦王。

公元前207年1月，刘邦率起义军直逼咸阳。仅仅当了46天秦王的子婴杀了赵高，向起义军投降，盛极一时的秦王朝灭亡。

◀秦始皇陵外景

西汉时期国家的强盛

楚汉相争 秦朝灭亡以后,项羽和刘邦展开了长达4年的楚汉战争。刘邦在手下萧何、韩信、张良等人的辅助下,在垓下之战,打垮了西楚霸王项羽,成为中国历史上第一位平民出身的天子。

垓下之围 楚汉相争,诸侯多叛离项羽归附刘邦。汉王听从张良等人的计策,与诸侯会合一起灭楚。项羽的军队驻扎在垓下,士卒少而粮食尽,汉王和诸侯的军队把他们重重地包围着。到了夜晚,汉王的军队在四面都唱起了楚地的歌曲,项王十分吃惊,就说:"难道汉王已经占领了楚国的土地吗?不然为什么楚国人这么多呢?"于是,项王就在夜间起来,在军帐中饮酒。他有个美人名字叫虞,因受到宠幸而常常跟从在身边;他有一匹骏马取名为骓,也常常骑着它。于是项王就慷慨激昂地唱起了悲壮的歌曲,并写了一首诗,"力拔山兮气盖世,时不利兮骓不逝。骓不逝兮可奈何,虞兮虞兮奈若何"。他连唱了几遍,美人虞姬也跟着唱。项羽的眼泪不停地往下流,两边的随从也都哭了。项羽当晚乘黑率领壮士八百余人乘马突围。天明,汉军发觉,以五千骑追赶。最后,项羽兵败跑到了乌江(今安徽和县东北)。乌江亭长准备了船在岸边要送他过江。项羽说:"我和江东的八千名士兵渡江到西边来,今天没有一人能生还,我有什么面目去见江东的父老呀!"然后下马步战,杀死汉军数百人,身上被砍十多处,

▲项羽像。项羽,名籍,字羽,秦下相(今江苏宿迁)人。自称"西楚霸王"

▲刘邦画像。刘邦,西汉王朝的开国皇帝。字季,秦朝泗水郡沛县(今江苏沛县)人。庙号高祖

▼广武涧。曾是刘邦与项羽争霸对峙的地方

最后自刎而死。

文景之治与七国之乱

西汉建国初,由于秦王朝的残暴统治,加上连年战争的破坏,社会经济凋敝,人民大量逃亡。汉初的人口较之秦代大大减少,大城市人口剩下十分之二三。在这种情况下,从公元前202年(汉高祖五年)开始,汉高祖颁发了一系列诏令,包括组织军队复员、给有功劳的军兵赏赐爵位、招抚流亡、释放奴婢等。

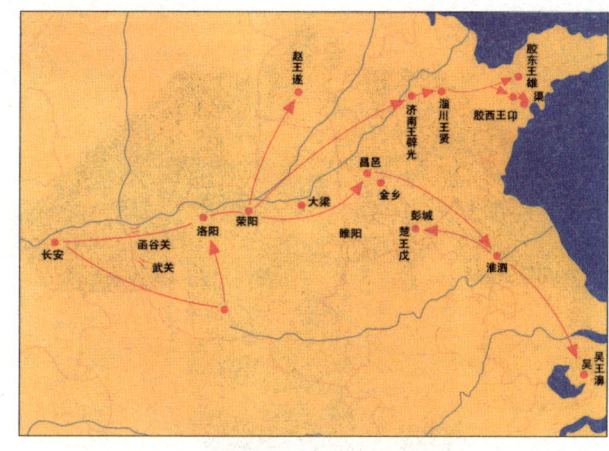

▲七王之乱图。"七王之乱"后,汉朝的统治得到了进一步加强

汉高祖总结秦朝灭亡的教训,采取"与民休息"的政策。到了文帝、景帝时期,倡导以农为本,进一步推行"轻徭薄赋""约法省禁"的政策,使生产得到恢复和发展,史称"文景之治"。

公元前154年,吴、楚、赵、胶西、胶东、淄川、济南等七个诸侯王发动叛乱,汉景帝派善于治军的周亚夫讨伐叛军,周亚夫很能用兵,他先不跟吴、楚的叛军正面作战,却派一队轻骑兵抄了他们的后路,断了叛军的粮道,因无粮可用,叛军自乱,周亚夫这才发精兵出发,吴、楚军队一败涂地,因吴、楚带头叛乱,两国一败,其余王国很快就垮了。不出三个月,七国叛乱平定。至此,汉朝的中央政权才巩固下来。

汉武帝改革

汉初经过70年左右的休养生息,地主阶级的统治已经巩固,社会经济有了新的发展,无为而治的黄老思想已不能适应地主阶级的要求。主张加强君主集权、实现大一统的儒家思想便取而代之。于是,汉武帝接受董仲舒的建议,"罢黜百家,独尊儒术",即用经过董仲舒改造过的儒学思想作为统治思想。自从汉武帝确定"独尊儒术"以后,儒学成了封建统治阶级的正统思想。

公元前140年,汉武帝即位以后,进一步采取了一系列加强中央集权的措施,继续打击地方势力。

汉武帝于公元前127年(元朔二年)采纳中大夫主父偃的建议,颁布"推恩令"。规定诸侯王除了由嫡长子继承王位外,其他诸子在王国范围内都要分到封地,作为侯国。从此,"大国不过十余城,小侯不过数十里"。封国越分越小,势力大为削弱。后来,

▼汉画像石刻《车骑出行图》。栩栩如生的石刻画像反映了汉代雕刻艺术的水平

汉武帝又作"左官律",设"附益法"。"左官律"规定,凡在诸侯王国任官者,地位低于中央任命的官吏,并不得进入中央任职。以此限制诸侯王网罗人才。

"附益法"严禁封国的官吏与诸侯王串通一气,结党营私,以达到孤立诸侯王的目的。通过这些措施,基本上结束了汉初以来诸侯王割据的局面。此后,中央政权对地方的控制加强了。

汉武帝为了加强中央集权,提高皇权,采取了限制丞相权力的措施。由尚书、中书、侍中等组成的"中朝"成为实际的决策机关,而以丞相为首的外朝官,逐渐成为执行一般政务的机关了。汉武帝还颁行了一套新的选用官吏制度,以扩大统治基础。

▲西汉印花敷彩黄纱锦袍。充分展示了汉代丝织品的华丽美观,表明当时的丝织业已经相当发达

西汉初期,各郡国都可以自由铸钱。这一方面造成币制混乱,阻碍了商品的正常交换,另一方面,一些贵族官僚、富商大贾操纵造币之权,富比天子,威胁中央。公元前113年(元鼎四年),汉武帝下令宣布禁止郡国铸钱,把全国各地私铸的钱币运到京师销毁,把钱币大权收归中央,成立了专门的铸币机构。

绿林、赤眉起义 公元前1年(元寿二年),哀帝去世,元帝皇后王政君的侄子王莽复任大司马,并录尚书事,操纵了汉政权,在地主官僚的拥护下,在公元8年,自立为皇帝,改国号为"新"。

王莽掌权后,为了缓和尖锐的阶级矛盾,颁发诏令,进行改制。但是改制没有能够解决社会危机,频繁的战争,沉重的赋役,残酷的刑法,反而使百姓陷入更大的痛苦之中。于是,终于爆发了全国性的农民大起义。

公元17年(天凤四年),荆州一带发生饥荒,新市(今湖北京山)人王匡、王凤兄弟深得饥民爱戴,被推为领袖,聚众数百人起义。他们的根据地在绿林山(今湖北大洪山),故称为"绿林军"。

公元18年,琅琊(今山东诸城)人樊崇率领一百多人在莒县(今山东莒县)起义。公元22年(地皇三年)四月,王莽派更始将军廉丹和太师王匡率军,妄图一举消灭樊崇军。为了同官军相区别,樊崇的军队每人都用赤色涂眉,因此这支起义军被称为"赤眉军"。

在绿林、赤眉等起义的同时,一些地主豪强也以各种形式从事反莽活动。南阳大地主刘縯、刘秀兄弟,联络附近各县地主豪强,纠集宗族、宾客,组成一支七八千人的军队,也归入绿林军。

公元23年(地皇四年),绿林军攻入长安,推翻了王莽的统治。

东汉的衰败

王莽政权灭亡后,赤眉军推翻西汉的统治。自称汉朝宗室的刘秀在鄗县(今河北高邑东南)之南即皇帝位,称为汉光武帝,沿用汉的国号,以这一年为建武元年,定都洛阳,史称东汉。经过10多年的时间,消灭了各处割据势力,实现全国统一。

▲汉光武帝刘秀像。刘秀,字文叔,庙号世祖,东汉王朝的建立者。生于公元前6年,卒于公元57年

光武中兴

为稳定、巩固王朝的统治,刘秀首先致力整顿官吏制度,加强中央集权。对功臣给予丰厚的爵禄,但是禁止他们干涉政事;对诸侯王和外戚也给予多方限制;在行政体制方面,仍然设置三公;同时减少地方官吏。其次,安定民生,恢复经济,主要措施有重行西汉初年三十税一旧制;遣散军队还乡务农;九次下诏释放奴婢或提高奴婢的法律地位;兴修水利等。最后,比较适当地处理与周边少数民族的关系。他本人也勤政节俭,遗诏薄葬。因此,在他统治期间,经济有明显的恢复,政治也相对稳定,史称"光武中兴"。

黄巾起义

东汉末年,宦官与外戚之间的斗争使朝政混乱,吏治腐败,加上接二连三的天灾,百姓无法生活,纷纷起来反抗。巨鹿郡张角、张宝、张果利用宗教——太平道将不满朝廷的百姓组织起来,提出口号:苍天已死,黄天当立,"苍天"指东汉王朝,"黄天"指太平道,举行起义,号称"黄巾军"。一时间天下百姓纷纷响应,黄巾军从北、东、南三个方向包围京城洛阳。汉灵帝匆忙武装镇压,经过激烈的战争,黄巾军只坚持了九个月就失败了,但余波持续了近20年,东汉王朝经黄巾军致命一击,已奄奄一息,公元220年,汉献帝被废,东汉结束,汉朝灭亡。

◀光武帝涉水图 明 仇英

两汉时期的外交

昭君出塞 秦汉之际,匈奴族在社会经济发展的情况下,已经建立了强大的奴隶制政权。匈奴冒顿单于乘楚汉相争之机,控制了中国北部、东北部和西北部广大地区,拥有骑兵三十余万,势力十分强大。

匈奴贵族为了掠夺奴隶和财物,经常侵扰西汉的北边地区。汉初,由于经济亟待恢复,政权尚未巩固,汉高祖只好采取"和亲"的办法,把汉室公主嫁给单于,每年送去大批的丝绸、粮食、酒等。但是和亲政策并不能阻挡匈奴的掠夺。

汉武帝即位后,由于中央集权大大加强,国家的经济实力空前雄厚,反击匈奴的条件完

▲《昭君出塞》图。王昭君长得十分美丽,又很有见识,是我国古代"四大美女"之一

全成熟了。公元前119年(元狩四年),汉武帝派卫青、霍去病等大将北征,在反击匈奴的战争中取得了决定性的胜利,制止了匈奴贵族的残暴掠夺,保护了封建经济的发展,使北部边境地区得到进一步开发,便利了汉与西域的交通。

公元前33年(竟宁元年),汉元帝以宫人王嫱(昭君)嫁给了呼韩邪单于,史称"昭君出塞",匈奴人都喜欢她,尊敬她。王昭君远离自己的家乡,长期定居在匈奴。她劝呼韩邪单于不要去发动战争,还把中原的文化传给匈奴。此后,匈奴和汉朝和睦相处,结束了百余年来汉、匈之间的武装冲突。在北部边境出现了半个世纪的和平景象。

张骞出使西域 公元前138年(建元三年),汉武帝为反击匈奴,截断匈奴的右臂,乃募使

▲昭君出塞地。此关口坐落在山西省的代县

▲昭君墓。在今内蒙古呼和浩特市南郊,又称青冢

▲张骞出使西域壁画。张骞出使西域总共到过36个国家

▲张骞出使西域壁画,自张骞出使西域后,汉朝和西域各国建立了友好交往。西域派来的使节和商人也络绎不绝

往大月氏,以联合大月氏夹击匈奴。汉中城固(今陕西城固)人张骞应募远道出使。张骞途中被匈奴扣押10多年,后虽到了胝国,但胝国不想结盟汉朝反匈奴,张骞只能还国,却得到汉武帝功封为太中大夫。他沿途了解到西域各国地形、物产和风俗,为第二次出使西域打下了基础。

公元前119年,汉武帝任命张骞为中郎将,率领300多随员,携带大批金币丝帛及牛羊第二次出使西域。张骞和副手们共与36个西域国家建立了友好的联系。

张骞两次出使西域,促进了中西经济文化的交流。此后中西交通畅通,贸易大盛。天山南北成为中西交通的桥梁,西域各地和中原的政治、经济联系日趋密切。

张骞是西汉开辟西域道路的第一人。

苏武牧羊 公元前100年,汉武帝正想出兵打匈奴,匈奴派使者来求和了,还把汉朝的使者都放回来。汉武帝为了答复匈奴的善意表示,派中郎将苏武拿着旌节,带着副手张胜和随员常惠,出使匈奴。

苏武到了匈奴后被匈奴人扣留,被逼投降。苏

▶苏武像。苏武(前140—前60年),字子卿,杜陵(今西安市东南)人。西汉武帝、昭帝时的大臣。出身将门,父苏建曾任校尉,以战功封平陵侯,为西汉初名将之一

武宁死不屈。单于觉得苏武是个有气节的好汉，十分钦佩他。单于把他送到北海（今贝加尔湖）边去放羊，跟他的部下常惠分隔开来，不许他们通消息，还对苏武说："等公羊生了小羊，才放你回去。"公羊怎么会生小羊呢，这不过是说要长期监禁他罢了。

一直到了公元前85年，匈奴的单于死了，匈奴发生内乱，分成了三个国家。新单于没有力量再跟汉朝打仗，

▲白马寺中佛像。说明当时佛教在中国已经开始流传

又打发使者来求和。那时候，汉武帝已死去，他的儿子汉昭帝即位。

汉昭帝派使者到匈奴去，要单于放回苏武，匈奴谎说苏武已经死了。使者信以为真，就没有再提。

第二次，汉使者又到匈奴去，苏武的随从常惠还在匈奴。他买通匈奴人，私下和汉使者见面，把苏武在北海牧羊的情况告诉了使者。使者见了单于，严厉责备他说："匈奴既然存心同汉朝和好，不应该欺骗汉朝。我们皇上在御花园射下一只大雁，雁脚上拴着一条绸子，上面写着苏武还活着，你怎么说他死了呢？"

单于听了，吓了一跳，立刻将苏武放回。

苏武出使的时候，才40岁，在匈奴受了19年的折磨，胡须、头发全白了。回到长安的那天，长安的人民都出来迎接他。他们瞧见白胡须、白头发的苏武手里拿着光杆子的旌节，没有一个不受感动的，都说他真是个有气节的大丈夫。

丝绸之路 西汉时，通过今新疆的中西陆路交通有南北两条大道：南路从长安出发，经敦煌、鄯善（今新疆罗布泊以南石城镇）、于阗、莎车等地，越葱岭（帕米尔）到大月氏、安息等国。北路经敦煌、车师前王庭（今吐鲁番附近）、龟兹、疏勒等地，越葱岭到大宛、康居、奄蔡，由奄蔡南下，可达安息，由安息向西到达大秦（罗马帝国）。

这两条大路成为当时中西交流的两大动脉。那时，中国的丝织品在国际上享有盛誉，通过这两条通道输出的商品主要是丝织品，所以这两条道路被称为"丝绸之路"。

▲西域诸国图。标明了古代西域地区各个国家的地理位置

罢黜百家，独尊儒术

▲董仲舒像

汉武帝即位后，首先举行的一件大事是召集天下文士，亲自出题考试。大儒董仲舒提出，诸子学说使国家不能保持一贯的政策，法令制度常常改变不利于封建的专制统治，建议政府只用讲儒学的人为官。武帝采纳了董仲舒的建议，把各地举荐来的非儒学的诸子百家一概罢斥，同时任用考试优秀的儒家学者。这样一来，只有学习儒家学术才有做官的机会。武帝又起用了一大批喜好儒学的人，如用田蚡做丞相等，以此来褒扬儒学，贬斥道家等诸子学说。

汉武帝的改革激怒了黄老学说的首要代表窦太后。窦太后大力打击儒家，并找借口把鼓吹儒学的人投入监狱。窦太后去世后，武帝重用儒生，把官府里非儒学家的博士一律免职，排斥黄老刑名等百家学术于官学之外，这就是有名的"罢黜百家，独尊儒术"。武帝提倡的儒学是在原来孔子仁义学说的基础上吸收了阴阳五行加神化皇权、鼓吹王权神授的思想，又接受法家君王独尊、增设刑法、任用酷吏的学说，成为一种儒家王道与法家霸道杂合的思想。

汉武帝的独尊儒术与秦始皇的焚书坑儒目的都是为了统一思想，巩固封建统治，只是他们采用的手段不一样。秦始皇烧掉诸子百家书籍，企图用暴力手段来达到目的，结果失败了。汉武帝则采用引导的方法，提倡儒家学说，确立儒学为官学，从而开创了两千多年来儒家学说独盛的局面，儒家由此成了中国封建社会的主流思想。

▶孔子讲学图，此图表现了春秋时孔子在杏坛讲学的情景，孔子端坐中央，弟子们在周围恭敬地聆听

秦汉思想、史学和艺术

王充与《论衡》 王充,字仲壬,东汉时期杰出的唯物主义思想家。其代表作为《论衡》。

王充指出,人是自然界的一部分,人和万物一样,是禀受天地元气而成,人的自然属性与万物并无区别。

他在《论衡》里大胆地批判了迷信思想。他指出,天地都是客观存在的,根本没有意志,但有自身的运动规律。他还指出,精神依附于人的肉体,精神与肉体同生同灭。因此人死之后,形体腐朽,精神也随着消亡。人死了不会变为鬼,世界上从来没有鬼神的存在。

▲王充像。王充,字仲壬,会稽上虞(浙江上虞)人,生于公元27年(建武三年),死于汉和帝永元年间

班固与《汉书》 东汉时期最重要的历史著作是班固所著的《汉书》。《汉书》的记载从汉高祖刘邦开始,一直到平帝、王莽为止,写了西汉王朝200多年的历史,是我国第一部断代史。班固去世的时候,《汉书》的八表和《天文志》还没有完成,后来由班固的妹妹班昭等人补写。

《汉书》大体上沿袭《史记》的体例,只是把《史记》的世家并入列传,改书为志,共分纪、表、志、传四类。《汉书》十志的规模比《史记》八书更宏大,其中《刑法》《五行》《地理》《艺文》四志,是《史记》中没有的。

▲班固像。班固,字孟坚,扶风安陵(今陕西咸阳东北)人。班彪之子。彪致力著史,为续司马迁《史记》,作《后传》65篇

秦兵马俑的艺术价值 秦始皇陵兵马俑是秦汉时期我国雕塑艺术的杰出代表。

秦兵马俑的艺术首先在于写实,秦俑、陶马和东都按原大制作,带有明显的肖像性和写生性。其次是它的传神,是经过了艺术加工处理的,抓住了不同的人物个性的特点,有的眉宇端庄,有的面庞清秀,有的一脸老成。灵活多样的艺术技巧也是特点之一,简洁的下身花纹,精致的武官发式,刻画细微的铠甲等。总之,秦俑的艺术在中国雕塑史上具有重要的地位。

▼气势壮观的秦代兵马俑。它生动地再现了当年秦军征服六国、席卷天下、气吞山河的历史场景

▲《汉书》书影,东汉时期最重要的历史著作

秦汉科技的发展

▲汉翻车图,表明当时水利工程的进步

水利工程 西汉的水利事业比战国时期有了新的发展。突出的成就是治理黄河和在关中等地兴修了一些较大的水利工程。

治理黄河是西汉规模较大的水利工程。汉初,黄河屡次决堤,造成了严重的水灾。公元前109年(元封二年),汉武帝征调几万民工前去修治。经过这次治理,黄河在80年间没有发生大灾。

汉武帝时在关中开凿了几条较大的灌溉渠。公元前129年,为了转输由关东西运的漕粮,在著名水工徐伯的领导下,征发几万民工开凿了与渭河平行的漕渠。漕渠在渭河南岸,向东注入黄河,长达一百多公里。渠成后,不仅使这一段的漕运时间缩短一半,而且使沿渠两岸万余顷土地受益。

与此同时,又征发民工修龙首渠。这条渠是从今陕西澄城县状头村,引洛水灌溉现在的陕西蒲城、大荔一带田地。渠道要经过商颜山,这里土质疏松,渠岸易于崩毁,不能采用一般的施工方法。劳动人民发挥聪明智慧,发明了"井渠法",使龙首渠从地下穿过七里宽的商颜山。这是中国历史上第一条地下水渠。

浑天仪与地动仪 张衡(公元78—139年),字平子,南阳人。他学识渊博,又十分精通数学,著有《算罔论》。但张衡最大的科学贡献是在天文学方面。他总结前人在天文学上的成就,创制了浑天仪、候风仪和地动仪。

浑天仪是用水力转动的一个浑象(即现在的天体仪),用铜铸成,球面上标出黄道、赤道、南极、北极,还刻上二十八宿及其他星座。使漏壶滴水转动浑象,每天有规律地回转一周,在室内观察星体的运动,和实际完全一样。

▶张衡像。张衡,字平子,东汉科学家、文学家、政治家和画家,南阳西鄂(今河南南阳市石桥镇)人

浑天仪制成后,张衡又著《浑天仪图注》,解释浑天仪的制造原理和使用方法。他还写了一部专门的天文著作,叫作《灵宪》,讲述天体现象。他主张浑天说,认为天地都是圆的,天在外,像鸡蛋壳,地在内,像鸡蛋黄。这种说法虽不完全正确,但比当时流行的天圆地方的盖天说要进步。另外,《灵宪》还记载了星座情形,并正确地解释了日蚀月蚀的原因。

张衡制作的候风仪不见记录,可能是一种预测大风的仪器。他所制作的地动仪,则是世界上第一台测定地震的仪器。地动仪用精铜制成,圆径八尺,状如酒樽;中有立柱,连着八个方向的机械;外面有八个龙头,口衔铜丸;下有八个蟾蜍,口向上张。当哪个方向出现了地震,哪个方向的龙口就吐出铜丸,落在蟾蜍口内,发出清脆的声音,看守仪器的人就可以知道发生地震的方向,能推测出震源的距离。

▲浑天仪。浑天仪是由有刻度的金属圈组成,这些圆形的骨架代表天体的赤道、黄道、子午圈等。金属球代表天体,而浑天仪的中央通常是地球或太阳。浑天仪主要用作展示围绕地球的天体轨迹

▶地动仪。中国古代侦测地震的仪器,由汉代天文学家张衡以精铜铸成,圆径八尺,合盖隆起,形似酒樽,上饰篆文、山龟、鸟兽之形,是世界上最早的地震仪

第四章
统一与分裂的交替

三国两晋南北朝时期，出现了长期的分裂局面，西部和北部的少数民族大量涌入中原，逐步实现了与汉族的融合。随着北方人口的南迁，江南地区得到初步开发。本章讲述了政权分立与民族融合的过程。

本章内容：

三国的形成与归一

两晋的短暂安宁与混乱

南北朝时期的成就

三国的形成与归一

三国局面的形成 东汉中平六年（公元189年），汉灵帝去世，刘辩继位，称为少帝。当时执政的何太后的哥哥何进联络西园八校尉之一的袁绍，杀了统领八校尉兵的宦官蹇硕。袁绍、何进等人密谋消灭宦官，并联合并州牧董卓到洛阳作为援兵。当宦官杀何进，而袁绍又尽杀宦官之时，董卓率兵入洛阳，尽揽朝政。他废黜少帝，另立刘协为帝，即汉献帝。董卓的专横激起了东汉朝臣和地方牧守的反对，酿成大规模的内战。

初平三年，长安兵变，董卓被杀，关中混乱不已。经过激烈的混战以后，到建安元年（公元196年）时，全国形成许多割据区域。在这些割据者中，势力最强也最活跃的是袁绍和曹操。

▲桃园三结义

董卓进军洛阳后，曹操逃至陈留（今河南开封东南），聚兵反抗。他在济北（今山东长清南）诱降黄巾军30余万人，选取精锐部队，编为青州兵；又陆续收纳一些豪强地主武装。建安元年，他把汉献帝迁到许县（今河南许昌东），取得了挟天子以令诸侯之势。建安五年，曹操与袁绍两军进行官渡之战，曹操以弱胜强，全歼袁军主力，统一了中原地区。

建安十三年，曹军南下，攻占刘表的儿子刘琮所占据的荆州。依托在荆州的刘备向南奔逃。诸葛亮受刘备之命，在柴桑（今江西九江西南）与孙权结盟，共抗曹军。孙、刘联军以少胜多，在赤壁大败曹军水师，迫使曹军退回中原。这就是促使

◀关羽擒将图

▲当阳长坂坡年画

三国鼎立局面形成的赤壁之战。曹操北归以后,把统一范围扩及到整个北方。三足鼎立的局面由此产生。

魏国的建立 曹操势力得以不断壮大,经济上主要得力于屯田。曹操在建安元年破汝南、颍川黄巾军,夺得大批劳动人手和耕牛农具,在许昌附近开辟屯田区。

随着北方的统一和屯田制、租调制的施行,北方社会秩序趋于稳定,生产逐渐恢复。政府修整道路,兴建水利,便利了交通和漕运。在恢复的冶铁业中,利用水力鼓风冶铸的水排得到推广,丝织业也兴盛起来,商品交换渐有起色。魏明帝时,颁用新钱币,促

▼曹操逼宫年画

进了经济发展，洛阳、邺城都日趋繁华。魏国与当时日本境内的邪马台国保持着较频繁的交往，与西域诸国也互有使臣和商人往来。

曹操死后数月，曹丕在还没有废汉称帝的时候，采纳了陈群建议的九品官人之法，选择贤而有识鉴的人，兼任其本郡的中正。负责察访与他同籍而流散在外的士人，评列为九品，作为吏部授官的依据。这就是九品中正制。此后曹丕废帝自立，是为魏文帝。

为保持固定的兵源，曹魏建立了士家特有的户籍制度，男丁世代当兵或服特定的徭役。士家身份低于平民，士如果逃亡，他的妻子就要做奴隶。当时，在冀州的士家就有十万户以上。

▲刘备像。刘备，字玄德，东汉时涿郡（今河北涿州）人。三国时期著名的军事家、政治家。蜀汉王朝的建立者

蜀汉的灭亡

刘备在新野时，邀约客居隆中的诸葛亮为辅佐。诸葛亮看清了北有曹操，东有孙权，荆州不可持久的形势，从战略上促成刘备进入益州，以图自保。

建安十六年，刘璋邀请暂驻荆州的刘备入蜀。建安十九年，刘备占据益州；建安二十四年（公元219年）进驻汉中，自称汉中王。不久，留守荆州的关羽被孙权的军队袭杀。刘备于公元221年称帝后，为争夺已失的荆州，于次年出峡，与吴军进行了夷陵之战，败退白帝城，不久便病死。他的儿子刘禅继位。

刘禅继位后不久，建兴三年，川西、云贵、西南夷叛乱，诸葛亮率军南征，七擒孟获，平定南中。

南中的战争结束后，蜀吴结盟也取得圆满成果。诸葛亮于建兴五年率军进驻汉中，同魏国展开争夺关陇的激战。前锋马谡在街亭（今甘肃庄浪东南）败阵，蜀军撤回。建兴十二年再次北伐，诸葛亮病死军中，蜀军撤回，北伐停顿。

诸葛亮死后，景耀六年，魏军兵分三路进攻蜀汉，并于当年冬天消灭了蜀汉。蜀汉经历了两代，共43年。

吴国的灭亡

西汉末年黄巾军起义的时候，孙坚随

▼诸葛亮像

会稽朱儁到中原镇压黄巾军,以后又转战于凉州和荆州江南各郡。董卓之乱时,孙坚参加讨伐董卓的关东联军,隶属于袁术,在淮南活动,孙坚死后,他的儿子孙策统领部众,并得到周瑜等人的辅佐,约于兴平元年(公元194年)开始向江东发展。建安五年,孙策去世后,他的弟弟孙权即位。建安二十四年孙权的军队打败关羽,占有了荆州全境。三年以后(公元222年)又取得夷陵之战的胜利,消除了蜀国的威胁。

孙权死后(公元252年),吴国日趋衰弱,而魏国则在司马氏消灭淮南地区三次军事叛乱后日趋强大。咸宁五年(公元279年)冬天,晋军出兵自长江以北、江陵至建业之间五路攻吴,而以益州水师为奇兵出峡顺流,于太康元年(公元280年)三月攻下建业,吴帝孙皓投降,吴国灭亡。

东汉初平元年(公元190年)后出现的全国分裂局面,经过魏、蜀、吴三个区域的局部统一和相持后,至此又实现了全国的统一。

▲孙权像。孙权,字仲谋。公元222年在金陵称王,公元229年称帝,建立吴国,即东吴,史称孙吴

▼除董卓故事年画

两晋的短暂安宁与混乱

西晋的建立 曹魏后期,政治日益腐败,阶级矛盾越来越尖锐。与此同时,统治阶级内部出现了以曹爽为首和以司马懿为首的两个集团的对立和斗争。

司马懿,河内温县(今河南温县)著名的士族。曹操开始起用他,到曹丕当政时,他地位逐渐显要。明帝时,他是指挥对蜀作战的主将。公元238年,他又率兵平定割据辽东的公孙渊,成为魏国有声望的大臣。明帝死后,年幼的曹芳继位,司马懿为太尉,与宗室大臣曹爽受遗诏共同辅政。

公元249年(嘉平元年),曹爽等人陪同曹芳到洛阳城南拜谒明帝陵,司马懿乘机在洛阳发动政变,夺取了朝中大权。公元251年,司马懿病死,他的儿子司马师继续掌权。司马师死后,其弟司马昭当政。

▲晋武帝司马炎

公元263年,司马昭利用蜀国内部混乱的机会,派邓艾、诸葛绪、钟会率大军分三路攻蜀。后主刘禅出降,蜀国灭亡。

公元265年,司马昭的儿子司马炎废魏帝曹奂,自立为帝,国号"晋",定都洛阳,史称西晋。

公元279年11月,晋大举伐吴,公元280年(太康元年)三月,吴主孙皓向晋将王浚投降,吴国灭亡。经过90年的分裂混战,至此中国又重新统一。

八王之乱 在曹魏时期,有人指出如不分封宗室诸王,政权可能被别人篡夺。后来,司马氏果然轻易地夺取了曹魏的政权,这件事在统治阶级中造成很大影响。因此,西晋建国不久便分封了27个同姓王,并不断扩大宗室诸王的权力。

西晋分封宗室的目的是捍卫皇室,但后来随着统治阶级内部矛盾的发展,诸王大部卷入了争夺中央统治权力的斗争,反而削弱了中央的统治。

▲西晋八王封国图。当时西晋被汝南王亮、楚王玮、赵王伦、齐王冏、长沙王乂、河间王颙、东海王越及成都王颖分割,后八王为争夺皇位,在洛阳相互攻杀,战乱历时十六年之久,史称"八王之乱"

司马炎死后，惠帝即位，统治集团内部矛盾愈演愈烈，终于爆发了"八王之乱"。

经过数年战乱，公元306年，东海王司马越入朝专政，之后又毒死惠帝，诸王力量消耗殆尽，"八王之乱"才告结束。16年的混战，给人民带来无穷灾难，使阶级矛盾和民族矛盾迅速激化。

各族人民起义 东汉以来，分布在中原王朝西、北方向的少数民族已陆续向内地迁徙。

魏晋时期，汉族统治者为了加强对各少数民族的控制和补充内地劳动人手的不足，经常招引和强制少数民族入居内地。

各少数民族人民内迁后，在汉族的长期影响下，逐步地由游牧生活向定居的农业生活过渡。魏晋时，西、北各少数族人民向内地迁徙的活动更加频繁，而且种族很多，主要有匈奴、羯、氐、羌及鲜卑五族，史称为"五胡"。

▲西晋壁画。虽然当时战火连连，但西晋的壁画艺术却没有停止过

魏晋统治者残酷的民族压迫使各少数民族对西晋统治者非常不满，因而反抗不断地发生。

在各地流民不断起义时，内迁的少数民族上层分子也相继起兵反晋，其中刘渊、石勒起兵最早。

公元308年（永嘉二年），刘渊称帝，迁都平阳。接着派王弥、刘曜等率大军进攻洛阳。公元310年，刘渊去世，他的儿子刘聪杀死自己的哥哥自立为帝。羯族人石勒在与晋国征战中扩大了势力，自称赵王。

公元316年（建兴四年），刘聪的侄子刘曜围攻长安，愍帝投降，西晋灭亡。

短暂的东晋王朝 因北方民族南下，建都洛阳的晋（西晋）灭亡，琅琊王司马睿在建康（南京）即位为元帝，史称东晋。东晋与之前的东吴，以及其后的宋、齐、梁、陈合称为六朝。

东晋偏安江南，曾经派祖逖、桓温北伐，但是一直没有完成统一。公元383年，前秦苻坚率大军南侵，晋军在淝水之战以少胜多，大败秦军。战后，南北分立的形式确立下来。后

▲司马睿像。司马睿在建康称帝，开元太兴，为东晋元帝

来桓玄叛乱,废安帝自立为帝,被刘裕平定。刘裕拥立恭帝,但是大权却落到别人手中。公元420年,大将刘裕篡位,东晋灭亡。

十六国的统治 在北方,从刘渊建国到北魏统一北方的130多年的时间内,各少数民族上层和汉族官僚地主纷纷建立政权,在中国北方和四川,汉族和各少数民族共建立了成汉、前赵、后赵、前燕、前秦、前凉、后燕、后秦、西秦、后凉、南燕、南凉、北凉、西凉、夏和北燕十六个政权历史上统称为十六国。

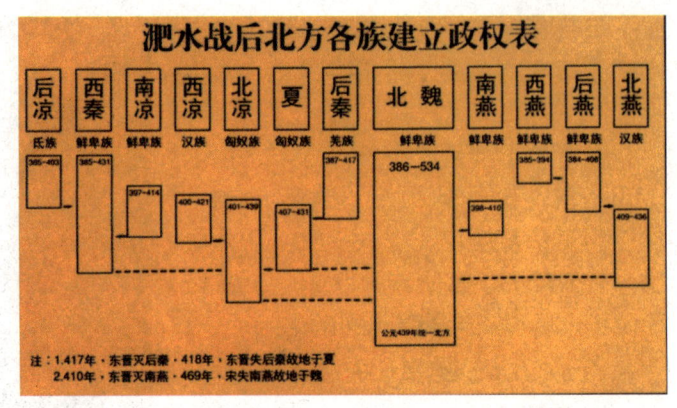

▲各族建国时间表。淝水之战后北方各族建立

淝水之战 4世纪中期,北方氐族人建立的前秦不断壮大,暂时统一了北方。前秦与东晋形成南北对峙的局面。

公元383年1月,前秦苻坚不顾群臣的反对,率领秦军步兵60万,骑兵27万,向南进发,准备统一全国。这时苻坚非常骄傲,出发前连东晋皇帝、宰相俘虏后的官号、公馆都准备好了。

东晋闻苻坚率大军南下,惶恐不安。宰相谢安沉着冷静,派弟谢石为大都督,兄子谢玄为前锋,率兵8万北上迎战,在淝水东岸与秦军隔河对峙。

苻坚听说晋军攻到,便登寿春城观看形势,见晋军队伍严整,又望八公山上的草木,以为都是晋兵,不免有些惊恐。谢玄派人给苻坚送信要求苻坚把阵地后移,以便晋军渡河决战,苻坚企图在晋军半渡时发动突然袭击,便挥军后撤。不料队伍因此大乱,东晋的降将又在阵后连呼苻坚败了,于是秦军一退不止。

晋军乘胜追击,秦军大败。苻坚也被箭射中,骑马逃走了,等到了洛阳,检查剩下的部队,已经不到10万了。

淝水之战后,南方由于战争的胜利,避免了一场大的混乱和破坏,经济文化得以继续发展,同时确定了南北长期对峙的局面。

◀谢安

南北朝时期的成就

▲北朝白瓷莲瓣罐。表明当时的瓷器业发展很快

南北朝是南朝与北朝的合称。东晋十六国以后,我国南方经历了宋、齐、梁、陈四个政权的更替,统称北朝。北方由北魏统一后,又先后分裂为东魏和西魏,然后是北齐取代了东魏,北周取代了西魏,北周又灭掉了北齐。南朝和北朝对峙的局面,持续了将近两个世纪,史称南北朝时期。

南方的开发与民族大融合

南北朝时期的经济偏重于南方,因为中原的人口不断避乱南迁,不仅增加了江南的劳动力,而且先进的生产技术的传入大大促进了当地的经济发展,扬州便是这时南朝的经济发达地区。

当时,江南许多堤堰陆续修建起来。农民担粪肥田的做法已经很普遍。原来大片的山林荒地被绿油油的稻田所取代。粟、麦、菽的种植在南方得到了大规模的推广。

南方的手工业很有特色。丝织、冶铸、制瓷、造纸等技术都有很大进步。瓷器已经成为人们日常生活的用具。造型多样、美观的青瓷尤其受到人们的喜爱。

魏晋以来,北方少数民族大量内迁,各族人民长期杂居和相互往来,彼此间在经济生活、政治制度、语言和习俗等方面相互影响,促进了各民族的大融合。

北魏孝文帝改革

北魏太武帝死去后,政治腐败,鲜卑贵族和大商人压迫人民,不断引起北方人民的反抗。公元471年,魏孝文帝即位后,决心采取改革的措施。

魏孝文帝规定了官员的俸禄,严厉惩办贪官污吏;实行了"均田制",把荒地分配给农民,成年男子每人四十亩,妇女每人二十亩,让他们种植谷物,另外还分给桑地。农民必须向官府交租、服役。农民死了,除桑田外,都要归还官府。这样一来,开垦的田地多了,农民的生产和生活比较稳定,北魏政权的收入也增加了。

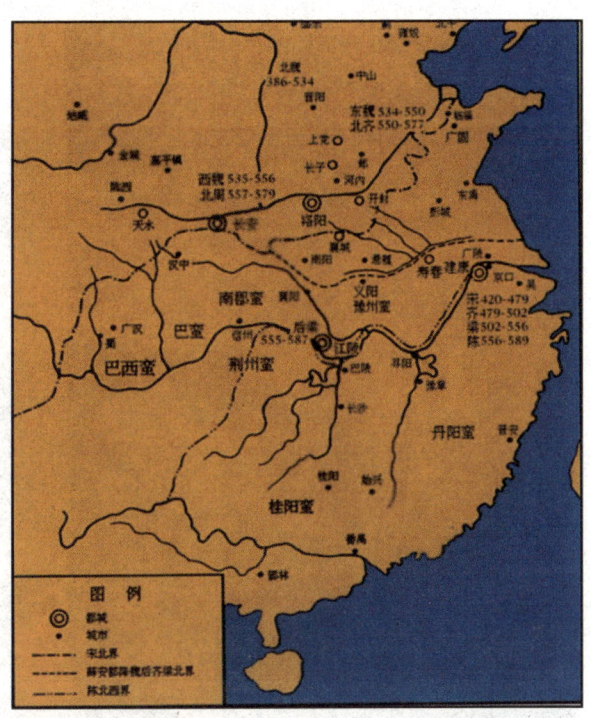

▲南北朝形势图。南北朝是中国历史上的一段南北政权的对峙时期,是中国南北各自出现相继的或相并立又相继的若干个政权的一个历史时代

▲牛耕砖画。表明南北朝时牛耕已相当普遍

魏孝文帝认为要巩固魏朝的统治,一定要吸收中原的文化,改革一些落后的风俗。为了这个,他决心把国都从平城迁到洛阳。公元493年,魏孝文帝亲自率领步兵骑兵三十多万南下,从平城出发,前往洛阳。正好碰到秋雨连绵,足足下了一个月,道路泥泞,行军困难。但是孝文帝仍旧戴盔披甲骑马出城,下令继续进军。大臣们本来不想出兵伐齐,趁着这场大雨,又出来阻拦。孝文帝严肃地说:"这次我们兴师动众,如果半途而废,岂不是给后人笑话。如果不能南进,就把国都迁到这里。诸位认为怎么样?"文武官员虽然不赞成迁都,但是听说可以停止南伐,也都表示拥护迁都。

孝文帝把国都迁到洛阳以后,进一步改革旧的风俗习惯。他跟大臣们一起议论朝政。他说:"你们看是移风易俗好,还是因循守旧好?"咸阳王拓跋禧说:"当然是移风易俗好。"孝文帝说:"那么我要宣布改革,大家可不能违背。"

▼北魏孝文帝颁布均田令,此为农耕图

接着,孝文帝就宣布几条法令:改说汉语,三十岁以上的人改口比较困难,可以暂缓,三十岁以下、现在朝廷做官的,一律要改说汉语,违者降职或者撤职;规定官民改穿汉人的服装;鼓励鲜卑人跟汉族的士族通婚,改用汉人的姓。北魏皇室本来姓拓跋,开始改姓为元。

魏孝文帝大刀阔斧的改革,使北魏政治、经济有了较大的发展,也进一步促进了鲜卑族和汉族的融合。

第五章
重回统一的时代

隋唐时期,出现了社会经济文化繁荣、政治开明的局面,国内各民族友好交往和中外交流得到进一步发展。本章重点介绍唐朝繁荣与开放的社会。

本章内容:
隋朝的建立与灭亡
盛唐始末
繁荣的唐朝经济
唐朝的对外交流
唐朝的文化与科技

隋朝的建立与灭亡

隋朝始末 隋朝从公元581年隋文帝杨坚建立,到公元618年隋炀帝杨广被绞杀,共存在了37年,是个典型的短命王朝。但是隋朝的历史地位却是不容忽视的,因为盛唐的许多制度都是在隋朝时确立的。唐高祖和隋炀帝杨广还有亲属关系,所以,从某种程度上可以说唐是隋的延伸,正因如此,历史书籍常将隋、唐两朝并称为"隋唐"。

公元580年,周宣帝病死,继位的周静帝年仅8岁,以大丞相身份辅政的杨坚,控制了北周的军政大权。公元581年,杨坚在消灭北周残余势力后,以"受禅"为名,废周静帝自立为帝,国号为隋,改元开皇,仍然定都长安。杨坚就是隋文帝。

▲隋文帝杨坚。杨坚(西魏大统七年－仁寿四年,即公元541—604年),隋朝开国皇帝,在位24年,后为次子杨广所弑

隋朝建立后,隋文帝为统一全国作各方面的准备工作:加强了中央集权、澄清了吏治,发展了经济,大大增强了国力,同时处理好与突厥的关系。隋文帝于开皇七年废除了后梁政权。对陈政权则采纳了高颎的策略:干扰陈国的农业生产,破坏陈国的军事储积,使陈国损失惨重,而又疲惫不堪。

▼隋炀帝时开通的京杭大运河,漕米运输,影响至今

待时机成熟后，隋文帝命令次子杨广为元帅、高颎协助，统一指挥灭陈战役。开皇九年隋军渡过长江，攻占建康，活捉陈后主陈叔宝，陈国灭亡，统一了全国。

隋统治集团在取得统一战争胜利之后，其腐朽性逐渐暴露出来。他们利用政治上的特权，占有大量土地，残酷剥削人民。当暴君隋炀帝杨广登基后，广大农民更是处于水深火热之中。

在农民起义的冲击下，隋政权土崩瓦解，它所控制的地区只剩下几座孤城。农民战争的致命冲击，使统治集团的核心发生了分裂，领导侍卫部队的司马德戡和贵族宇文化及在公元618年（武德元年）春发动政变，缢杀了隋炀帝。隋朝灭亡。

科举制的创立 公元598年，隋文帝设立志行修谨（有德行）和清平干济（有才能）二科，他下诏命令五品以上京官和地方官总管、刺史按这二科推荐人才，这被看作科举制的开始。隋朝的科举制大体上有两种情况：一种是临时性的特科，一种是常设科目。公元603年隋文帝下诏，以明知古今、通识治乱、究政教之本、达礼乐之源等科目选拔人才。以后科举的名目逐渐增多。公元607年，炀帝下诏以德行敦厚、刚毅正直、执宪不挠、文才秀美、才堪将略、膂力骁壮等十科选拔德、才、体各方面表现突出的人，这些科目都是临时规定的特科，科目较具体，标准较明确，比较公平。比较固定的常设性科目有秀才、明经、进士三科，这些科目必须经过考试。秀才科先考试策，再考杂文，需要应试者具有很高的学识，录取标准很高，隋朝37年的历史中共录取了10多个人；杂文的题目往往是模拟名人名篇，难度很大。明经科主要是测试经典，即测试对某一儒家经典的熟悉程度，考中的人数较多。进士科是炀帝所创并且放宽了录取标准，它只试策，不考杂文，主要考文才。考中科举后只是获得了明经进士出身，取得了做官的资格，这之后还要通过吏部的考试才能任命为官员，当时考中的也就是做县尉、功曹等九品小官，他们在当时政治上并不占重要地位，但对后世有重大影响。这样，一种新的选官制度在隋朝产生了，由此开始了文官考试制度的历史。

科举制的创立和九品中正制的废除，表明门阀世袭制的衰落和中央集权制的加强，它把读书、应考和做官联系在一起，这就给一般的甚至贫寒的子弟一个公平的机会，同时，它把选官的权力集中在吏部和朝廷，加强了中央集权。

▶宋人科举考试图

盛唐始末

唐朝的建立 隋朝末年，由于隋炀帝的失政和出征高句丽失败，农民起义在各地兴起。公元617年，李渊集团在太原起兵。这时瓦岗军和河北农民军正在中原地区奋战，牵制了大量隋军，隋京都长安地区的防守力量很薄弱。这年秋天，李渊率3万人由太原出发，向关中进军。年底，李渊攻克长安，立隋代王杨侑为傀儡皇帝。公元618年，隋炀帝被杀，李渊废杨侑，在长安称帝，是为唐高祖，改元武德，都城仍定在长安。

李渊建都长安后，建立统一的中央政权是必然的选择，首先消灭了占据兰州天水的薛举集团，公元617年底到公元618年春，唐军与薛举军进行了两次大战，义宁二年（公元618年）十一月，两军在长安城下决战，相持60余日，最后薛军大败，唐军取胜。公元619年，占据河西王郡的大凉皇帝李轨，

▲李渊起兵图。李渊父子的太原起兵最终促成了唐朝的建立

因内部矛盾重重而分崩离析，户部尚书安修仁与其兄安修贵发动兵变，并俘获李轨，将其押至长安，后处死。同年，割据马邑的刘武周勾结突厥，向山西发起进攻，唐军先败后胜，刘武周兵败逃往突厥，被突厥杀死。后李渊又灭李密、王世充、窦建德，至此全国基本统一。

玄武门之变 唐朝建立后，李渊派儿子李世民征讨四方，剿灭各方群雄。后李渊的儿子李建成、李元吉与李世民争夺王位，暗中勾心斗角。

武德九年六月四日（公元626年7月2日），李世民向李渊告发了李建成和李元吉的阴谋，李渊决定次日询问二人。李建成获知阴谋败露，决定先入皇宫，逼李渊表态。在宫城北门玄武门执掌禁卫军总领的常何本是太子李建成的亲信，却被李世民策反。六月四日（庚申），李世民亲自带100多人埋伏在玄武门内。李建成和李元吉一同入朝，待走到临湖殿，发觉不对头，急忙调转马头往回跑。李世民带领伏兵从后面喊杀而来。

李元吉情急之下向李世民连射三箭，无一射中。李世民一箭就射死李建成，尉迟恭也射死李元吉。史称"玄武门之变"。

两个月后，李渊自动退位，李世民即位为唐太宗，年号为贞观。

贞观之治 从公元627年到公元649年，这段时间是唐太宗统治的时期，政治较为开明，经济发展迅速，社会秩序稳定，历史上把这段时期称为"贞观之治"。

唐太宗经历了隋末农民战争，目睹了强大的隋朝怎样在农民起义的打击中分崩离析，因此他时时注意以隋朝的灭亡为教训，十分重视人民的力量。他常常说："君好比舟，民好比水，水能载舟，亦能覆舟。"因为有了这种认识，唐统治者为了实现长治久安，不得不对人民作出一些让步。

在经济上，唐太宗继续实行均田制。均田制规定：凡18岁以上的男子，分给口分田80亩，永业田20亩。

唐太宗还很重视兴修水利，朝廷设有专门的官员以"掌天下川渎陂池之政令"，另外还命各地兴修水利。他还经常派使者到各地考察官吏，劝课农桑。在政治上，唐太宗总结了前代的经验教训，对三省六部制进行了适当变革。唐代时的三省是指尚书省、中书省、门下省。

▲唐太宗像。李世民是唐朝第二位皇帝，他的名字意思是"济世安民"。太宗是他死后的庙号。他是一位军事家、政治家、书法家。他开创了历史上著名的"贞观之治"，将中国封建社会推向鼎盛时期

▼贞观君臣赏花灯图

▲唐玄宗像。李隆基,唐朝皇帝。李隆基为睿宗李旦第三儿子,庙号"玄宗",又名"唐明皇"

在地方上,唐实行州县制,设刺史和令为州、县长官。为了选拔人材,他还确立了完整的科举制度。科举制度为地主阶级知识分子参与政权提供了机会。唐代科举制已实行分科,其中以进士科最重要。有一次,唐太宗在金殿端门俯视新科进士鱼贯而入的盛况,得意地说:"天下英雄,入吾彀中矣。"

在文化教育上,唐太宗尊崇儒学。从贞观二年开始以孔子为先圣,在国学中设置庙堂,以备祀典,并下令各州县都置孔子庙。唐太宗还十分重视历史的借鉴作用,他曾说:"以古为镜,可以知兴替。"因此,在贞观年间,史书编纂取得了重要的成就,编了晋、梁、陈、北齐、北周、隋等朝的史书。除此之外,还开始编修国史。

在个人方面,唐太宗提倡节俭,并以身作则。唐太宗即位后,没有大兴土木,建造新的宫殿,而是住在隋朝时建造的已破旧的宫殿里。在建造自己的陵寝时,唐太宗亲自制定规格:以山为陵,能放得下棺材即可。

经过唐太宗的励精图治,唐朝出现政治清明、社会安定、经济发展、文化繁荣的局面。犯罪的人也大大减少了,有一年,全国仅有29人被判死刑。天下百姓路不拾遗,夜不闭户,民风淳朴,呈现出太平盛世的景象。

周武革命 唐太宗死后,他的第九个儿子李治即位,称为唐高宗。高宗健康状况不好,许多政事都交给皇后武则天来处理。高宗死后不久,武则天废睿宗称帝,改国号为周,武则天也成为了中国历史上唯一的女皇帝,前后掌权50余年。

▲唐玄宗手迹

武则天称帝后在打击士族官僚的同时,对拥护她的庶族官僚则大力扶植。她还破格用人,大量选用庶族地主做官,并进一步发展科举制度。当时的宰相狄仁杰是有名的贤相。唐玄宗开元年间的名臣姚崇、宋璟、张九龄等,都是在武则天时开始被提拔起来的。

但武则天也是一个具有很大消极作用的人物。她用酷吏滥杀,造成恐怖风气;她放手招官,使官僚集团急剧膨胀,也加重了人民的负担。武则天信奉佛教,到处修建寺庙筑造佛像,浪费无度。

▶武则天绣像

▲武后步辇图 唐 张萱

开元盛世 武则天死后,唐中宗李显即位,后来韦后毒死中宗,立少帝李重茂,以皇太后的身份临朝听政,并谋害相王李旦。李旦子李隆基联合姑母太平公主发动宫廷政变,铲除韦氏及其党羽,迫使少帝李重茂颁布诏书,让帝位于叔父相王旦,仍称唐睿宗。李隆基被立为皇太子。当时,宫廷的内部斗争十分激烈,太平公主在协助李隆基政变除掉韦后以后,依仗功大,日益骄奢,不可一世。朝中宰相7人,有5人和太平公主关系密切,姑侄关系特别紧张。公元712年6月,睿宗自称太上皇,把帝位传给了李隆基。公元713年7月,太平公主与其党羽密谋,发动政变,唐玄宗先发制人,杀死太平公主,彻底剪除了太平公主及其党羽。从而结束了武则天以来一连串的宫廷政变。

玄宗执政后,注意任贤纳谏,澄清吏治。他先后任用姚崇、宋璟、张九龄等贤相;规定内外官吏迁调之制,选部分京官外调为都督、刺史,而地方官吏中表现优异者则提为京官;又令各道采访使巡视地方,整饬吏治,加强中央权力。在经济上,玄宗即位之初自奉甚俭,又令各地不得开采珠玉、制造锦绣,使武后以来后宫奢靡之风有所改变。由于开源节流,国家财政日益丰裕,仓库充实,物价平廉。为了选拔人才,玄宗还亲自在殿廷复试吏部新放的县令,对儒士甚为优礼,并令臣下访求遗书,得图书近五万卷,使科技文化大放异彩。在军事方面,玄宗改革兵制,招募壮士充当京师宿卫和镇戍边地,又在边镇重地设节度使。由于玄宗的励精图治,开元年间经济繁荣,国库充裕,民生安定，国威远播。唐代盛世至此进入了光芒万丈的时代。

玄宗在位四十四年，前期年号叫开元（公元713—741年），后期称天宝（公元742—756年）。开元年间，玄宗政绩粲然可观，是唐朝社会经济和国力发展臻于极盛的时期，它承继贞观之治和武则天的治绩，使唐朝的国势发展到巅峰。

安史之乱 开元后期，曾经进行过一些改革的唐玄宗，开始不愿过问政事，只想安逸享乐。公元744年，他纳杨太真为贵妃后，更是专以声色自娱，大肆挥霍，生活糜烂。

唐玄宗好大喜功，为此边境将领经常挑起对异族的战事，以邀战功。又由于当时兵制由府兵制改为募兵制，使得节度使与军镇上的士兵结合在一起，就出现了边将专军的局面。其中胡人安禄山一人身兼范阳、平卢、河东三镇节度使，掌握重兵。在天宝十四载（公元755年）安禄山趁唐朝政治腐败、军事空虚之机发动叛乱。安禄山连败唐军，直抵潼关。公元756年（至德元年），安禄山在洛阳称大燕皇帝。坐镇洛阳的安禄山恣行暴虐，众叛亲离，757年初被他的儿子安庆绪杀死。安庆绪即帝位后，史思明屯驻范阳，拥有重兵，不听调遣。公元759年（乾元二年），史思明杀死了安庆绪，在范阳称大燕皇帝。公元761年（上元二年），史思明大败李光弼率领的唐军，乘胜向长安进犯，在途中被他的儿子史朝义杀死。史朝义在洛阳称帝后，叛军内部更加分裂，从此没有力量再向唐朝发动进攻。

公元762年（宝应元年），唐宫廷发生政变，宦官李辅国杀张皇后，肃宗受惊而死。李辅国拥立太子李豫即帝位，即代宗。

▲安禄山像

▼虢国夫人游春图

▲文成公主入藏图。文成公主是唐太宗宗室女,唐贞观十五年(公元641年)与吐蕃松赞干布联姻

代宗调集各路兵马,收复了洛阳、河阳、郑州、汴州等失地。公元763年(广德元年)初,史朝义在唐军打击下,穷蹙自杀。历时7年多的安史之乱至此结束。

唐朝灭亡 安史之乱以后,唐朝有吐蕃、回纥、南诏等边患,朝廷内有宦官掌权,甚至皇帝的废立都由宦官决定,以至战争不断,经济政治衰退,经过藩镇混战,宦官专权和朝廷官员中朋党之争,朝政混乱不堪。尽管唐宣宗是一个比较精明的皇帝,但也解决不了朝政混乱这种局面。唐宣宗死后,先后接替皇位的唐懿宗李漼、僖宗李儇,只知寻欢作乐,腐朽到了极点。僖宗初年,河南、山东一带连年天灾,庄稼颗粒不收,许多人以草籽、槐树叶充饥,而官府只知向百姓搜刮。公元859年,爆发唐末农民战争,经过黄巢起义的打击,唐朝统治名存实亡。天祐四年(公元907年),朱全忠逼唐哀帝李柷禅位,改国号梁(史称后梁),就是梁太祖,改元开本,都于开封,唐朝灭亡。

文成公主入藏

贞观十五年正月,太宗命礼部尚书江夏王李道宗送文成公主至吐蕃与松赞干布完婚。文成公主入藏后,吐蕃羡慕大唐华风,接受内地的服饰等风俗习惯,下令禁止以赭涂面的习俗,并派子弟至长安学习诗、书。文成公主随身带去的经史、诗文、佛经、佛像,以及种树、工艺、医药、历法等书籍,送去了中原文化的精髓,公主带去的文化、技术和人才,有力地促进了吐蕃地区经济文化的发展。

▼吐蕃松赞干布在位期间对社会的经济、文化的发展,对加强藏汉的友好关系作出了很大的贡献

繁荣的唐朝经济

农业的发展 唐政府很重视农田水利灌溉。据史载,在唐前期130多年中,兴修的水利工程达160多项,分布于全国广大地区。这些灌溉工程对农业生产起了重要作用。

随着水利的发展,唐代的灌溉工具也有相应的进步。当时,除了以前已有的桔槔、辘轳、翻车还在普遍使用外,人们又创造了连筒、桶车、筒车和水轮等灌溉新工具,都大大提高了灌溉效率。

▲双童图,图中的双童栩栩如生,表明丝纺织工艺有了很大进步

唐自统一全国以后,农业生产开始恢复,到玄宗开元年间(公元713—741年)发展到高峰。农业生产发展的结果使粮价越来越便宜。公元725年(开元十三年),"东都斗米十五钱,青、齐五钱,粟三钱"。此后直到天宝末年,物价长期稳定。

纺织业 在唐前期,纺织、冶铸、烧瓷等几个部门的手工业生产,都有较显著的发展。首先是纺织业。北方善织绢,江南盛产布,唐前期大体上还是如此。宋州(今河南商丘)、亳州(今安徽亳州市)生产的绢帛质量最高。定州的绫绢产量最多,每年要向皇帝进贡1500多匹。江南的丝纺织也有了很大发展。江南东道(今江苏南部和浙江一带)的丝织物品类繁多,很多列为贡品,在产量上已仅次于河南、河北而跃居全国的第三位。当时的丝织物品种和花式都很多,争奇斗艳,十分精美。麻纺织也很发达,黄州(今湖北黄冈)的贡布被列为第一等。棉纺织在唐代也有较显著的发展,当时西北的吐鲁番和南方的云南、两广、福建等地,各族已愈来愈普遍地种植棉花和生产棉布。这时,印染技术也有明显提高。

瓷器 在唐代,瓷器生产也有很大发展。唐前期已大量烧制白瓷,邢州窑(今河北临城县境内)生产的白瓷"类银""类雪",质量很高。李肇《国史补》称:"内丘白瓷瓯,端溪紫石砚,天下无贵贱通用之。"可见邢州窑白瓷的产量是很大的。四川的大邑窑也以生产白瓷著名。江西昌南镇(今景德镇)以产瓷闻名始于唐前期,它烧制的白瓷和青瓷当时有"假

▶白瓷蟠龙博山炉。表明唐代瓷器工艺生产也有显著进步

玉器"之称。唐代专烧青瓷的窑多在南方，以越州窑的产品为最佳。越窑烧制的青瓷，胎质薄，雅致瑰丽，光泽晶莹。唐诗有"九秋风露越窑开，夺得千峰翠色来"之句，把越瓷的精美形象地描绘了出来。

唐代还出现了施黄、绿、白、赭、蓝等彩釉的陶瓷，称为"唐三彩"。用这种方法烧制的人像和马、骆驼等动物，色彩鲜艳，造型生动，是中国古代艺术中的珍品。

商业的繁荣 城市的发展是商业繁荣的一个标志。西京长安是当时全国最大的城市，周围达70多里。全城呈长方形，分为宫城、皇城和外郭城三个部分。宫城是宫殿区，皇城是中央官署所在地。外郭城占地广阔，划分为108个坊，遍布寺院、府第和民宅；还有两个市——东市和西市，各占两坊之地。据考古勘查，西市长、宽各约1000米，市内有南北和东西大街，宽度都在15米左右，相交成"井"字形。东市的构造大概也是如此。东市有220个行业，邸（货栈）、肆（店铺）鳞次栉比，"四方珍奇，皆所积集"。西市的繁荣不亚于东市，许多西域胡商及波斯、大食等外国商人都聚居在这里。

▲彩绘釉陶女骑马图。反映了当时彩陶工艺的水平很高

▲唐开元铁牛，是盛唐时冶炼业、制造业及雕塑工艺的代表作

东京洛阳是仅次于长安的第二个大城市，城内设有南市、北市和西市，大致与长安的市相同。据记载，两京的市都是在四面立邸，中间是绢行、衣行、肉行、药行、铁行、秤行、鞭辔行等各类行业的店肆，同类业的店肆都集中在同一区域，设有行头来进行管理。长江北岸的扬州，当南北交通的要冲，商业也十分繁荣，"多富商大贾、珠翠珍怪之产"。公元751年（天宝十年），一场大风吹翻了扬州码头上的数千艘船只，可见在这里停泊的商船之多。当时的各州治县城，也多设有一个或两个供商业贸易的市场。

▼唐开元通宝钱。唐朝开始铸造新币"开元通宝"

唐朝的对外交往

日本"遣唐使" 唐朝时期，中国和日本的友好往来和文化交流达到空前的繁荣。这时日本社会正处在奴隶制瓦解、封建制确立和巩固的阶段，对唐朝的昌盛极为赞赏，因此向唐朝派遣的使者、留学生和学问僧数量很多。

▲鉴真东渡图。鉴真先后5次东渡都以失败而告终，但鉴真仍矢志不移，最后终于成功

公元631年（贞观五年），日本派出了由留学生和学问僧组成的第一批"遣唐使"。到838年（开成三年）止，日本派出遣唐使共13次，另有派到唐朝的"迎入唐使"和"送客唐使"共3次。唐初，日本派出的遣唐使团一般不超过200人，从8世纪初起，人数大增，如717年、733年和838年派出的三次遣唐使，人数均在550人以上。

日本留学生回国以后，对中国文化的传播起了十分重要的作用。

鉴真东渡 唐朝时中国僧人也不断东渡日本，沟通中日两国的文化，其中贡献最大的是鉴真和尚。

鉴真，姓淳于，扬州人。他对于律宗有很深的研究，在扬州大明寺讲律传戒。他应日本圣武天皇的邀请东渡日本。经过六次努力，历尽艰险，双目失明，终于在754年（天宝十三年）携弟子到达日本，时已年近七旬。鉴真把律宗传到日本，同时还把佛寺建筑、雕塑、绘画等艺术传授给日本。日本现存的唐招提寺，就是鉴真及其弟子所建，它对日本建筑有重要的影响。鉴真精通医学，尤精本草，他虽双目失明，但能以鼻嗅分辨各种药物，对日本医药学的发展，做出了贡献。

玄奘西游 今天的印度、巴基斯坦和孟加拉，唐时统称为天竺。在唐代中印文化交流史上，两国的佛教徒作出了卓越的贡献。其中最著名的是中国的高僧玄奘。

玄奘姓陈，河南缑氏（今河南偃师县南）人。627年，他从长安启程去天竺游学。途经我国新疆及中亚各国，饱经风霜，历尽艰险，最后到达了巴基斯坦和印度。他游学

▼建于唐代的河南安阳修定寺内遗存的力士像，是盛唐武士的精神的折射

19年，走遍了天竺各地。

645年（贞观十九年），玄奘结束了历时19年、跋涉五万余里的伟大行程，回到长安，带回了梵文佛经657部。他在长安慈恩寺专心译经，20年间译出佛经75部，1335卷。这些佛经后来在印度大部分失传，中文译本就成了研究古代印度文学、科学的重要文献。在印度留学时，玄奘把秦王破阵乐介绍到了印度。回国后，他又把老子《道德经》译成梵文，送往印度。此外，玄奘还将这次所经历的各地区的风土、人情、物产、信仰和历史传说等，撰写成《大唐西域记》十二卷，成为研究中古时期中亚、印度半岛等国的历史、地理和中西交通的宝贵资料。

▲玄奘像。玄奘，唐代僧人，法相宗创始人，佛经翻译家、旅行家

▲兴教寺玄奘塔。玄奘取经后返抵长安时，唐太宗接见并劝其还俗出仕，被他婉言谢绝

▼唐贞观十九年，玄奘取经后返抵长安

唐朝的文化与科技

古文运动 所谓古文运动，名义上是要求恢复周、秦、汉时期的古代散文体，表面上看像是一个复古运动，实际是要在继承古代散文优秀传统的基础上，以自然质朴、注重内容的新散文体来代替走入绝境的骈文，是一个企图使文体、文风和文学语言适应时代要求的革新运动。唐初的陈子昂是这个运动的奠基者，而古文运动的主将是韩愈。

韩愈力图在古代散文的基础上，创造出一种更便于表达思想的新散文体。他强调写文章要有创造性，反对因袭模仿。他把自己所倡导的新散文体广泛地应用于各方面的写作之中，先后写出了300多篇具有高度艺术技巧的散文。其作品气势磅礴，感情充沛，文字精炼，语言生动，对后世产生了很大的影响。

柳宗元在古文运动中的作用虽然不及韩愈，但他的400多篇散文却有很高的成就。他不仅写出了《天说》一类宣传无神论的名文，还写出了《捕蛇者说》等揭露当时社会黑暗的作品。

▼《开成石经》，立于唐长安城国子监，刻《周易》《尚书》等十二部儒家经典

文学的发展 唐朝中后期由于城市经济的繁荣，于是产生了与之相适应的传奇小说。与六朝的志怪小说相比，在传奇小说中，活动的主角已经不是神鬼，而是现实生活中的人，因此作品具有比较丰富的社会内容。另一方面，唐代古文运动为小说创作提供了表达能力强的新散文体，诗歌的发展也为其输送了丰富的营养，因此，传奇小说的创作艺术在各方面都有新发展。

传奇小说的出现标志着中国的古典小说开始脱离了萌芽状态，渐渐发育成形。著名的作品有沈既济的《枕中记》，李公佐的《南柯太守传》，陈鸿的《长恨歌传》《东城老父传》，白行简的《李娃传》，蒋防的《霍小玉传》，元稹的《莺莺传》等。

▼《地理志》残卷，此书现存160行，共记载州府138个，县641个，约占当时中国郡县总数的40%

规模宏伟的长安城 唐代土木结构的建筑已经达到相当成熟的阶段。当时长安城就是一个规模宏伟、世界上仅有的建筑群。据近年考古工作者的实测，长安城南北长8651米，东西宽9721米，周长36.7公里，面积达84平方公里。城内有太极宫、大明宫、兴庆宫三个宫殿区，建有雄伟的宫殿和亭台楼阁；宗庙社稷、官衙廨署布列在皇城之内，街道宽阔挺直，里坊整齐划一，宗教寺院、公卿官

员府第林立，组成了这座宏伟壮观的大都城。长安城的建筑设计对国内外的城市建设有着直接的影响，当时国内各州城和日本国的都城建设皆竞相仿效。

"药王"孙思邈

唐代医学有很大的发展，不但分科较细，而且名医辈出，其中最杰出的是京兆华原（今陕西耀县）人孙思邈。公元652年（永徽三年），孙思邈写成了医学著作《备急千金要方》30卷。30年后，又写成了《千金翼方》30卷，以补前书之不足。后世通常把这两部著作简称为《千金方》，这是孙思邈一生辛勤探索的结晶。

▲大雁塔，创建于唐永徽三年（652年），为保存玄奘由印度带回的佛经而建

孙思邈在书中总结了唐以前历代医家的医学理论和治疗经验，收集了5300多个药方。他对妇科和儿科特别重视，把他们列在卷首，主张独立设科。他注意药物配伍和辨证施治，首创复方，提出一方治多病或多方治一病的方法。

在药物的采集和应用方面，孙思邈也有突出的成绩。《千金方》共收载了800余种药物，对其中200多种药物的采集和炮制还专门作了记述。由于孙思邈对药物学和医学所作的巨大贡献，博得了人民的尊敬和爱戴，被后世尊称为"药王"。

▼孙思邈像。孙思邈，京兆华原人（今陕西耀县孙家塬），出生于隋开皇元年，卒于唐永淳元年。是我国乃至世界历史上著名的医学家和药物学家，被人们尊为"药王"

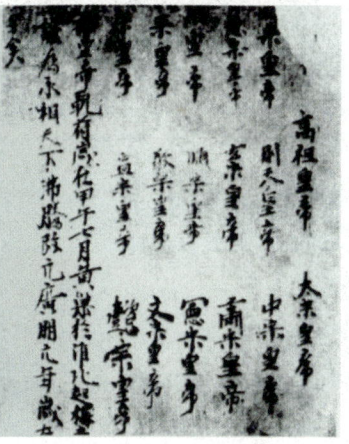

▼《千金方》缩影。《千金方》在我国医药学上有着显赫的地位，对我国医药发展起到推动作用

先进的天文学

唐代杰出的天文学家一行（公元683—727年）和尚，本姓张，名遂，魏州昌乐（今河南南乐）人。公元724年（开元十二年），跟一行同时的一位工程技术专家梁令瓒和工匠们一起，创造了一架黄道游仪，用来观测日、月的位置和运动情况。一行通过观察，发现了恒星位置移动的现象。这比英国天文学家哈雷在1718年提出恒星自行的观点早了将近一千年。

公元724年，一行还倡议在全国24个地方测量北极高度和冬夏至日和春秋分日的日影长度，并设计了一种叫做复矩图的仪器，用来测量北极高度。一行从这次测量中算出南北两地相差351里80步（合现在129.22公里），北极高度相差一度。这个数据就是地球子午线（经度）一度的长度。它与现代测量子午线的长度111.2公里相比，虽然还有较大的误差，但这种用科学方法实测子午线的工作在世界上还是第一次。

一行从725年开始修制新历，到727年（开元十五年）完成，取名《大衍历》。这部历法系统周密，结构合理，比较符合天文实际，是当时的先进历法。后来的历法家几乎都是按照它的结构来编写历法的，直到明朝末年吸收西洋历法后才有所改变，可见其影响之深远。

▲唐印刷成品，字迹之清晰反映了唐朝印刷术已有很大成就

雕版印刷术

印刷术是中国古代四大发明之一。最早的印刷术是雕版印刷，大约在7世纪中期，已经有了雕版印的佛像。到8世纪80年代，有了作为商人纳税凭据用的"印纸"出现。

到文宗大和年间，四川和江淮一带民间已经每岁"以板印历日"，在市场出售，以致不等朝廷颁下新历，"其印历已满天下"，可见在唐后期雕版印刷已相当发达。

▼雕版印刷中的活字排版和雕刻的活字

第六章
对峙时代与草原帝国崛起

宋元时期，经济重心由黄河流域转移到长江流域，契丹、女真、蒙古等少数民族南下，民族关系出现了新变化。

本章讲述经济重心的南移和民族关系的发展。

本章内容：

北宋与辽、西夏并立

南宋与金对峙

王安石变法

南北宋的经济

宋代的理学

元朝统一中国

北宋与辽、西夏并立

赵匡胤黄袍加身 公元960年春,后周禁军统帅赵匡胤,谎报北汉和辽朝会师来攻,于是奉命带兵北上,到了开封东北的陈桥驿,当天晚上,将领们反复商议,说现在皇帝还小,即使战死他也不知道,不如推赵匡胤为天子,大家可以荣华富贵。他们到军营四处游说,煽风点火,一时军士大哗,都聚集在赵匡胤营前喊着:"点检当天子!"

赵匡胤的弟弟赵光义和归德军掌书记赵普知道时机已经成熟,于是连夜派人骑快马回京城,将赵匡胤的心腹殿前都指挥使石守信和都虞侯王审琦叫来,商量办法。天快亮的时候,叫喊着的军士们已经逼近赵匡胤休息的房舍,赵光义和赵普进去,叫起了赵匡胤,走出房门。只见许多军校站在庭院中,手中还拿着武器,一齐叫喊:"愿奉点检当天子!"这时早有人从背后给赵匡胤披上黄龙袍,所有在场的都跪倒在地上,高喊着"万岁",向赵匡胤叩拜。其实这不过是赵匡

▲宋太祖赵匡胤像。赵匡胤,北宋王朝的建立者,庙号宋太祖,涿州(今河北涿州)人

胤在背后导演的一出闹剧而已。赵匡胤发动兵变,"黄袍加身",回师都城,夺取了后周政权,定国号为"宋",史称"北宋"。赵匡胤就是宋太祖。北宋结束了五代十国的分裂局面,在中国形成了一统的朝代。

▲宋太祖黄袍加身处。赵匡胤在此披上黄袍,登上了皇帝的宝座

杯酒释兵权 建隆二年(公元961年)7月的一天晚朝过后,宋太祖把石守信等禁军将领召来一起喝酒,叙谈兄弟情分,气氛很是融洽。酒酣耳热之际,宋太祖却唉声叹气、满脸愁苦的样子,石守信等人大为不解,忙问原由,宋太祖叹息说:"没有你们拥戴,我也当不上天子!可这天子也不是好当的呀,真不如当节度使快乐,我没有一个晚上能睡个安稳觉!"石守信他们忙问为什么。宋太祖说:"人哪有不贪图富贵的,我这个位置,有谁不想坐!"石守信等人大惊失色,忙说:"陛下怎么说起这样的话呢?现在天命已定,谁敢再有异心!"宋太祖说:"你们虽然没有异心,但你们手下的人如果贪图富贵,有一天突然也给你来个黄袍加身,那时你们就是不想做,办得到吗?"

石守信等人听了宋太祖这番话,心里明白皇上这是向他们摊牌了,只得离席跪倒叩头道:"我们实在愚蠢,没想到这一点,千万请陛下可怜我们,给我们指一条生路。"宋太祖说:"人生就像白驹过隙转瞬即逝,不过要多积些金钱,多买些良田美宅留给子孙,歌儿舞女颐养天年,岂不快乐,我们君臣之间两无嫌隙,这样岂不是都好吗?"石守信等人恍然大悟,都欢喜道:"陛下想得如此周到,我等怎能不从命。"

第二天早朝,这些手握重兵的将领一同上书称病,要求辞职。宋太祖果然履行自己的诺言,赏赐他们许多金钱良田美宅,收回他们的兵权,只给他们挂个各地节度使的虚衔。这就是历史上著名的"杯酒释兵权"。

与辽、西夏的和议

契丹族是生活在我国东北辽河上游的少数民族。10世纪初,契丹族首领耶律阿保机统一各部,建立了契丹政权,定都上京。契丹很快统一了大漠南北和东北地区,成为我国北方一个强大的王朝。后来,契丹改国号为辽。

▲雪夜访赵普图

宋太宗灭北汉后,曾两度出军攻辽,企图把契丹势力驱逐出长城,可是全都失败了。从此,北宋对辽采取被动防御的方针。

1004年,契丹大举攻宋,一直打到黄河北岸的澶州。后来北宋虽然打了胜仗,但最后却订立了屈辱的"澶渊之盟"。此后,宋辽之间保持了长期的相对和平局面。

北宋初期,生活在我国西北地区的党项族逐渐强大起来。1038年,党项族首领李元昊正式称帝,建立大夏国,定都兴庆,历史上称为"西夏"。

西夏建立后,宋夏战争连年不断,双方损失都很大,结果在1044年(庆历四年)订立和约。史称"庆历和议"。此后,北宋和西夏维持了几十年的和平关系,两地人民的交往日益频繁。

▲石守信像

南宋与金对峙

靖康之变与南宋 1126年（靖康元年）秋，金兵分东西两路南下。西路金军攻克太原后，乘胜渡河，与东路金军共同围攻开封，11月25日，攻破开封城。

金军因为兵力有限，所以在占领开封4个多月，大肆勒索搜刮以后，于1127年农历四月初一日，撤兵北上，带走包括徽、钦二帝在内的全部俘虏和财物。开封及其附近州县又惨遭一次浩劫，史称"靖康之难"。北宋的统治到此结束。

金兵在撤出开封之前，册立原北宋宰相张邦昌为"大楚"皇帝，让他替金人统治黄河以南地区。伪楚政权很快为人民所唾弃，徽宗第九子康王赵构于1127年5月即位于应天府（今河南商丘），改年号为建炎，是为宋高宗。后来高宗又定都临安（今浙江杭州）。史称此后的宋朝为南宋。

宋高宗赵构1138年任秦桧为相，推行求和政策。秦桧削去抗金将领韩世忠的兵权，又以莫须有的罪名杀害了岳飞父子。宋高宗以向金国纳贡称臣为代价，换回了东南半壁江山的统治权。

▲宋徽宗像。宋徽宗（1082年10月—1135年），名赵佶，宋神宗第11子，是中国宋朝第8位皇帝，具有相当高的艺术造诣。他自创一种书法字体被后人称之为"瘦金书"。他兄长宋哲宗无子，死后传位于他，在位25年（1100年—1125年）

抗金名将岳飞 南宋初年，金军不断南下侵扰，一路烧杀掠夺。南宋一些将领力主抗金，岳飞就是其中之一。他率领的军队纪律严明，得到广大民众的爱戴和支持，被称为"岳家军"。岳家军作战勇敢，所向无敌，不仅抵抗金人南侵，而且北上收复了许多失地。但当岳家军准备乘胜大举北进的时候，宋高宗却连下金牌令岳飞班师回朝。不久，岳飞受秦桧诬陷，遇害。

▼中兴四将图

王安石变法

仁宗做了四十年皇帝,没有改革的决心,国家越来越衰弱下去。他没有儿子,死后由一个皇族子弟做他的继承人,这就是宋英宗。英宗即位四年驾崩。太子赵顼即位,这就是宋神宗。宋神宗即位的时候才二十岁,是个比较有作为的青年。他看到国家的不景气,有心改革一番,可是他周围的人都是仁宗时期的老臣,即便像富弼这样支持过新政的人也变得暮气沉沉。宋神宗想要改革现状,一定得找个得力的助手,就下了一道命令,把正在江宁做官的王安石调到京城。

王安石是宋朝著名的文学家和政治家,抚州临川人。他年轻时候,文章写得十分出色,得到欧阳修的赞赏。王安石二十岁中进士,就做了几任地方官。他在鄞县当县官的时候,正逢那里灾情严重,百姓生活十分困难。王安石兴修水利,改善交通,治理得井井有条。每逢青黄不接的季节,穷人的口粮接不上,他就打开官仓,把粮食借给农民,到秋收以后,要他们加上官定的利息偿还。这样做,农民可以不再受大地主豪强的重利盘剥,日子比较好过一些。

王安石做了二十年地方官,名声越来越大。宋仁宗曾调他到京城当管理财政的官,他一到京城,就向仁宗上了一份万言书,提出他对改革财政的主张。宋仁宗刚刚废除范仲淹的新政,一听到要改革就头疼,把王安石的奏章搁在一边。王安石知道朝廷没有改革的决心,跟一些大臣又合不来,就趁母亲去世的时机,辞职回家。此次接到宋神宗召见的命令,就应召上京。

王安石一到京城,宋神宗就叫他单独进宫谈话。神宗一见面就问他:"你看要治理国家,该从哪儿着手?"王安石从容不迫地回答:"先从改革旧的法度,建立新的法制开始。"

公元1069年,宋神宗把王安石提升为副宰相,开始改革变法。王安石变法的主要内容是:一、青苗法。这个办法是他在鄞县

▲▼王安石故居

试用过的，现在拿来推广到全国实行。二、农田水利法。政府鼓励地方兴修水利，开垦荒地。三、免役法。官府的各种差役，民户不再自己服役，改为由官府雇人服役。民户按贫富等级，交纳免役钱，原来不服役的官僚、地主也要交钱。这样既增加了官府收入，也减轻了农民的劳役负担。四、方田均税法。为了防止大地主兼并土地，隐瞒田产人口，由政府丈量土地，核实土地数量，按土地多少、肥瘠收税。五、保甲法。政府把农民按住户组织起来，每十家是一保，五十家为一大保，十大保为一都保。家里有两个以上成年男子的，抽一个当保丁，农闲练兵，战时编入军队打仗。

▶王安石

　　王安石的变法对巩固宋王朝的统治、增加国家收入，起到积极的作用。但是，也触犯了大地主的利益，遭到许多朝臣的反对。宋神宗询问对策，王安石坦然回答："陛下认真处理政事，这就可说是防止天变了。陛下征询下面的意见，这就是照顾到舆论了；再说，人们的话也有错误的，只要我们做得合乎道理，又何必怕人议论。至于祖宗老规矩，本来就不是固定不变的。"

　　王安石坚持变法，但是宋神宗并不像他那么坚决，听到反对的人不少，就动摇起来。公元1074年，河北闹了一次大旱灾，一连十个月没下雨，农民断了粮食，到处逃荒。宋神宗正为这个发愁，有一个官员趁机画了一幅"流民图"献给宋神宗，说旱灾是王安石变法造成的，要求神宗把王安石撤职。宋神宗看了这幅流民图，只是长吁短叹，晚上睡不着觉，神宗的祖母曹太后和母亲高太后也在神宗面前哭哭啼啼，都说天下被王安石搞乱了，逼迫神宗停止新法。王安石眼看新法没法实行下去，气愤得上书辞职。宋神宗也只好让王安石暂时离开东京，到江宁府去休养。第二年，宋神宗又把王安石召回京城当宰相。刚过了几个月，天空上出现了彗星。这本来是正常的自然现象，但是在当时却被认为是不吉利的预兆。宋神宗又慌了，要大臣对朝政提意见。一些保守派又趁机攻击新法。王安石竭力为新法辩护，要宋神宗不要相信这种迷信说法，但宋神宗还是犹豫不定。王安石没办法继续贯彻自己的主张，到公元1076年春天，再一次辞去宰相职位，返回江宁府去了。到宋神宗逝世以后，以司马光为首的守旧派掌握了政权，废除了新法，王安石变法以失败告终。

▼王安石退隐画像

南北宋的经济

农业的进步 两宋时期，农业生产技术及推广有很大的发展。

当时，南方农民普遍使用龙骨翻车来灌溉。同时，比龙骨翻车运转力更大的筒车也用来引水上山，灌溉山田。北宋政府两次在耕牛缺乏的地区推广"踏犁"。"踏犁"是一种较好的人力翻土工具，四五个劳动力的功效相当牛耕的一半。这对畜力不足地区解决耕田的困难起过一定的作用。

茶树的栽培地区越来越广，淮南、江南、两浙、荆湖、福建及四川诸路，茶园十分普遍。仅在江南、两浙、福建地区输送政府专卖机构的茶叶，每年就达一千四五百万斤。茶叶已成为人们的生活必需品，同时也是国内外市场上的重要商品。

棉花的种植在福建、广东一带逐渐盛行。养蚕和种桑、麻的地区比以前也有扩大。甘蔗主要在浙江、福建及四川的一些地区种植，那里有许多"糖霜户"，专门种蔗制糖。

北宋农民还克服自然条件的限制，用各种办法扩大耕地面积。他们因地制宜，在山坡、江畔、海边开垦农田，造了不少圩田、淤田、沙田、架田、山田。大量的开垦使垦田面积大为增加。

由于气候适宜农作物生长，长期战乱使北方的农耕技术向南方推广，

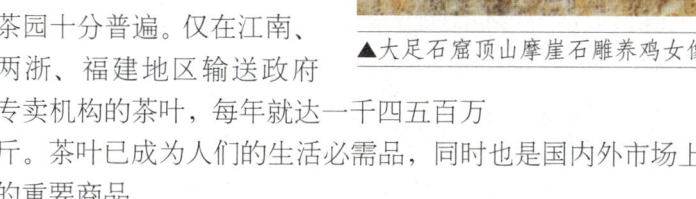

▲大足石窟顶山摩崖石雕养鸡女像

▲《茶经》，陆羽著，是世界上第一部关于茶的专著

▼宋代斗茶图。宋朝人们通过烹茶、品茶来比试茶艺的高低，促进了制茶业的发展

经济重心逐渐由北向南转移。

辉煌的制瓷业 两宋的瓷器不论在产量还是制作技术上,比前代都有很大提高。当时,烧造瓷器的窑户遍布全国各地,所造瓷器各具特色。

官窑(今河南开封)、钧窑(今河南禹州)、汝窑(今河南汝州)、定窑(今河北曲阳)和哥窑(今浙江龙泉),是两宋五大名窑。官窑的产品土脉细润,体薄色青,略带粉红,浓淡不一;钧窑土脉细,釉具五色,有兔丝纹;汝窑则胭脂、朱砂兼备,色釉莹澈;定窑以白瓷著称,并能制红瓷,其产品十分精美;哥窑盛产青瓷,产品被誉为"千峰翠色"。真宗景德年间,在江西新平设官窑,所造进贡瓷器的器底书"景德年制"四字,这就是后来驰名中外的景德镇瓷器。在瓷器上雕画花纹是北宋时的新创,划花用刀刻,绣花用针刺,印花用板印,还有锥花用锥尖凿成花纹,堆花用笔蘸粉堆成凸形,再施白釉。宋瓷不仅是生活日用品,而且是精美的工艺美术品。两宋瓷器大量运销国外,近年来在亚非各地都有大量出土,证明瓷器是当时的重要输出品。

▲耀州窑,青瓷刻花水注,反映了北宋制瓷业的突出成就

现在,宋瓷已成为中国古代著名的艺术品,享誉海内外。

商业的繁荣 中国古代城市的发展到北宋出现了新的转折。北宋以前的城市,一般是坊、市分区,即住宅区与商业区严格分开。北宋时,随着商品经济的发展和城市人口的增加,彻底打破了"坊""市"的界线,商店可以随处开设,不再采取集中

▼北宋徽宗龙舟竞渡图。图中的大龙舟如一座华丽的官殿,极尽豪华

▼宋代汴京开封城门。每当天亮城门开启时,各种贩卖的物资都涌入城中,一片繁荣景象

▲宋代乳钉狮纹鎏金银盏。表明北宋时采矿冶炼技术也有很大进步

的方式。

北宋都城开封是最繁华的城市，市内手工业作坊众多，街道两旁商店、旅舍、货摊林立，人来车往，十分热闹。市场上的商品既有来自国内各地的百货，也有来自国外的各种商品。营业时间不受限制，除白天营业外，还有夜市和晓市。城内另有固定市场和定期集市。其中大相国寺每月开放五次，规模很大。市内还出现了"瓦舍"（或称"瓦肆"），里面有"勾栏"（歌舞场所）、酒肆和茶楼，还有说书、演戏的，成为娱乐的中心。宋人张择端所画《清明上河图》就是当时城市商业繁荣的真实写照。

北宋时期还产生了中国也是世界上最早的纸币——"交子"。公元10世纪末叶，成都市场上出现所谓"交子铺"，发行纸币"交子"，代替铁钱流通。仁宗天圣元年（1023年）冬，正式创立"交子务"，改交子为官办，流通区域仍限于四川。徽宗时，改交子为"钱引"，扩大流通区域。但是钱引不需要本钱，可以大量印发，伏下祸端。

海外贸易的发展
唐朝时期，对外交往的孔道主要是西北陆路。到两宋，因战争关系，西北陆路交通时断时续，于是对外经济文化交流主要依赖东南海路交通。

北宋时，海外贸易之盛远远超过前代。宋政府为了增加财政收入，以及收购进口物资来满足皇室、官僚的生活需要，对海外贸易十分重视。早在971年（开宝四年），就设置市舶司于广州。以后，北宋政府又陆续在杭州、明州、泉州，以及密州的板桥镇（今山东胶州境）、秀州的华亭县（今上海市松江一带）设置市舶司或市舶务。

南宋时，除密州归入金朝版图外，其他五处市舶机构仍继续存在，又增设温州、江阴军两处市舶务。

▲淳化元宝金钱。除铜、铁钱外，金银也作为半流通性货币使用

宋代的理学

理学作为一种伦理道德,是反映统治阶级利益的官方思想,是维护封建统治的思想武器;它作为一种学术思想和哲学体系,又是我国古代哲学思想发展到较完备阶段的产物。

宋代的理学,又称道学、新儒学。它以儒学为中心,融会佛、道思想而形成。这种思想以"理"或"天理"为宇宙万物的本体,作为人们思想、行为的根本原则,所以称为理学。它又以三纲五常的伦理道德为基本内容,以明道为目标,继承古代的道统,所以称道学。宋代理学以程颢、程颐和朱熹为代表,即所谓程朱理学。

程朱理学是从周敦颐开始的。周敦颐提出了"太极"的概念,认为"太极"是宇宙的本体。他引用了道家思想阐释儒学,建立了理学的宇宙论。程颢和程颐是北宋理学的代表人物,是理学的奠基人,他们都是周敦颐的学生。二程直接继承了理学的开创者周敦颐的思想,吸收了他的《太极图说》中的宇宙生成图式,并发展了他的"太极"说,提出"理"作为宇宙的本体,从而为理学建立了体系。后经朱熹进一步完善,遂成了封建社会官方的正统哲学,并统治元、明、清思想界长达数百年之久。二程理学体系的核心是理或天理,并把它作为宇宙的本源,说它是先于一切事物而存在的,一切都是理产生的。二程用理来解释一切,认为封建伦理道德如君臣之道、父子之道、夫妇之道都是天理的体现。二程进一步要求去掉欲求。有人曾问程颐,家贫的寡妇是否可以再嫁。他认为饿死是小事,失节可就是大事了。这就是"去人欲,明天理"的主张。

朱熹把儒学的伦理纲常加以新的解释,赋予了新的内容,他使三纲五常理论化,又在二程的基础上提出了"存天理,去人欲"的道德观,这成为禁锢人性的封建伦理规范。他创建的一套体系严整的新儒学思想,成为宋以后历代封建王朝的官方思想。

▲《监本四书》书影

▶ 朱熹像

朱熹学派遭禁锢

朱熹学派在南宋时被诬为"伪学",遭到禁锢。宋孝宗时,朱熹上书批判贪官唐仲友,而他是宰相王淮的亲戚。王淮就使孝宗斥责朱熹学说欺世盗名。宁宗即位后,朱熹上书宁宗提防大臣窃权。宰相由此怀恨在心,不断对宁宗挑拨,发布朱熹的十罪状,使理学书籍遭到禁毁。后有人公然上书要求处死朱熹。宁宗又公布了朱熹伪学逆党名单,致使朱熹的门徒不敢露面。朱熹病逝后,宁宗下诏只许他的门徒参加葬礼。9年后,宁宗定朱熹谥号为"文",称他为朱文公。这时,朱熹学说才得到政府的肯定。

蒙古的崛起和元代的统治

元朝从1271年建立,到1368年灭亡,前后共97年。元朝结束了自唐灭亡以来长达370年的又一次大分裂时期,使中国再次实现了大统一,为后来明清的长期统一奠定了基础。这时期各民族间的经济与文化交流得到更大发展,回族就是在元代形成的。元朝的地域异常辽阔,基本上奠定了我国疆域的雏形。

蒙古的崛起 金泰和四年(公元1204年),蒙古族领袖铁木真统一了蒙古高原各部。泰和六年(公元1206年),铁木真尊号"成吉思汗",建国于漠北,国号"大蒙古"。蒙古国建立后,不断向外扩张,成吉思汗也在征程中病逝。

1229年,窝阔台继任大汗,先后向东征服了高丽、东真国、金,向西占领了莫斯科,入侵波兰、匈牙利,大败突厥与俄罗斯联军,前锋直指维也纳,欧洲为之震惊。正当此时,窝阔台逝世。军队东还,1234年拔都建立钦察汗国。

▲成吉思汗像

1246年贵由继位。拔都与贵由不和,另举蒙哥为大汗。贵由在远征拔都途中病死,1251年蒙哥继位,又灭大理国,占领阿拉伯帝国首都,灭阿拔斯王朝。1259年占领大马士革。

蒙哥于1259年在四川逝世后,翌年初其弟忽必烈在开平、阿里不哥在哈拉和林分别自称大汗,双方展开了五年的内战。1265年阿里不哥兵败投降,忽必烈正式成为大汗。至元八年(公元1271年),忽必烈改

▼成吉思汗的大帐幕

国号为"元"。次年,建都于大都(今北京)。至元十三年(公元 1276 年),元军攻陷宋都临安(今浙江杭州)。至元十六年(公元 1279 年),元军在崖山之战消灭了南宋最后的兵力,南宋灭亡。

民族的进一步融合 在元朝统一的辽阔疆域内,我国各民族之间的交往与融合出现了新的局面。北方的契丹人、女真人与汉人融合统称汉人。同时,在这个民族融合的过程中产生了我国的回族。

唐宋时期,有少数波斯人和阿拉伯人移居中国。13 世纪以来,又有一部分中亚人、波斯人和阿拉伯人迁入中国。他们和汉、蒙、维吾尔族等长期杂居相处,互相通婚,逐渐融合,在元代形成了一个新的民族——回族。回族信奉伊斯兰教,说汉语,仿汉人立姓氏。回族人逐渐发展到各地,兴教建寺,保持着自己的宗教信仰,与各族人民友好交往。

▲忽必烈像

▼元大都土城遗址(北京)。元朝在北京建都,为北京在近几百年成为封建时期的都城起到了奠基作用

第七章
明、清时期的那些事儿

明清时期，统一的多民族国家得到发展和巩固，经济和文化取得了一定成就。同时专制统治不断强化，对外闭关锁国，社会出现危机。

本章内容：

明朝的建立与灭亡

清初是盛世

康熙巩固了多民族统一国家

明朝和清初的对外关系

明朝与清初的文化

明朝的建立与灭亡

在前代的基础上,明朝社会经济获得极大的发展。农产品商品化扩大,手工业生产水平提高,工艺精湛,商业繁荣,市场活跃,产生了资本主义萌芽。

在明代,封建文化极为繁盛,小说成就辉煌,产生了《水浒》《三国演义》及《西游记》等作品。

元末农民起义和明朝的建立　元朝末期,奸佞当权,朝政腐败。元顺帝君臣骄奢淫逸,使得国库空虚。为了弥补财政亏空,元政府除了加重赋税以外,还发行新钞"至正宝钞"并大量印制,致使恶性通货膨胀,民不聊生。至正十一年(1351年),元朝政府征调农民和兵士十几万人治理黄河。黄河两岸农民本已饱受灾荒之苦,在治河工地上又横遭监工的鞭打,被克扣口粮,个个无比愤怒。于是,"治河"和"变钞"就成为农民起义的导火线,红巾军起义爆发。

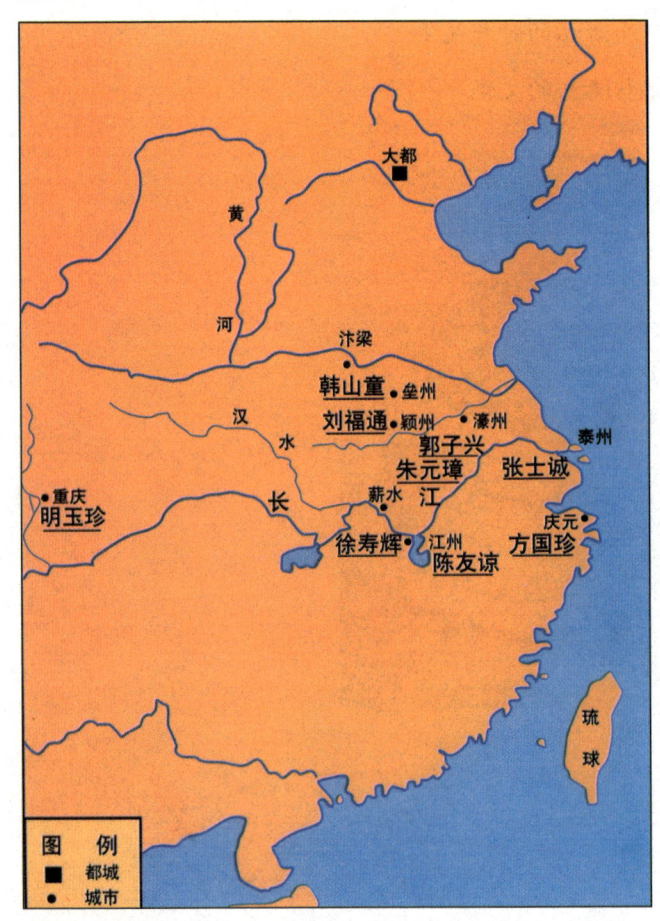

▼元末群雄并起形势图。元末朝廷腐败,人民生活困苦,各地纷纷起义

定远土豪郭子兴在濠州起义,自称红巾军。出身贫苦、曾为游方僧的朱元璋也参加到这支队伍中来。郭子兴死后,朱元璋掌握了这支军队的实际领导权,逐渐发展壮大,成为当时起义军中的一支劲旅。

后来朱元璋逐渐消灭了其他的割据力量。在1367年12月正式即位。第二年正月,改元洪武,定国号为明,以应天府为京师,开始了明朝的历史。

君主专制的加强

明朝建立后,朱元璋采取一系列措施加强君主权力。他废除宰相,撤销中书省,由吏、户、礼、兵、刑、工六部分理朝政,直接听命于皇帝。这样,皇帝便独揽了国家的全部军政大权。

为监视各级官吏,防范人民的反抗,明太祖特设锦衣卫,授以侦查、缉捕、审判、处罚罪犯的大权。锦衣卫由皇帝直接指挥,不受法律约束,成为特务机构。明成祖时,又设立另一个特务机构东厂,由宦官掌管,与锦衣卫合称"厂卫",成为皇帝的耳目和爪牙。

靖难之役
又称"靖难之变",中国明朝建文年间发生的内战。明太祖把儿孙分封到各地做藩王,藩王势力日益膨胀。他死后,孙子建文帝即位。建文帝采取一系列削藩措施,严重威胁藩王利益,坐镇北平的燕王朱棣起兵反抗,随后挥师南下,史称"靖难之役"。1402年,朱棣攻破明朝京城南京,战乱中建文帝下落不明。同年,朱棣即位,就是明成祖。第二年,改元永乐,改北平为北京。1421年,北京城全部主体工程建成,朱棣正式迁都北京,称北京为京师,南京为留都。

土木之变
又称"土木堡之变"。明初,蒙古地区分鞑靼、瓦剌、兀良哈三大部,英宗正统年间,瓦剌部统一蒙古各部。正统十四年(1449年),瓦剌部首领也先大举进攻明朝。此时明英宗昏庸腐朽,

▲朱元璋像。明太祖朱元璋是明朝的开国皇帝

宦官王振掌军政大权,不顾朝中大臣如兵部侍郎于谦等人反对,鼓励英宗御驾亲征。七月英宗令皇弟朱祁钰留守,亲率50万大军出征。八月至山西大同,闻前线战败消息后,王振决定回师。退至离河北怀来县城尚有二十余里的土木堡时被也先率军包围,军队死伤惨重,王振被杀,英宗被也先俘去,史称"土木之变"。

张居正改革
万历初年,神宗得到内阁首辅张居正的鼎力辅佐。在内政方面,提出了"尊主权,课吏职,行赏罚,一号令",推行考成法,裁撤政府机构中的冗官冗员,整顿邮传和铨政。经济上,清丈全国土地,抑制豪强地主,改革赋役制度,推行一条鞭法,减轻农民负担。军事上,加强武备整顿,平定西南骚乱,重用抗倭名将戚继光总理蓟、昌、保三镇练兵,使边境安然。万历初年呈现出明代中叶以来最好形势。

农民起义
张居正逝世之后,中兴之象消失,明朝从此走上了衰败之路。

明朝后期,统治腐朽。宦官魏忠贤专揽朝政,迫害异己、镇压人民。统治者不断加重对人民的剥削,加上连年的灾荒,人民处在水深火热之中。1628年,战争在陕北爆发,涌现了高迎祥、李自成、张献忠等几十支起义军。李自成提出"均田免粮"口号,深得农民拥护。1644年(崇祯十七年),李自成攻占西安,建立大顺政权。同年三月,占北京,崇祯皇帝在景山自缢身亡,明朝至此灭亡。

◀张居正像。张居正(1525—1582年),字叔大,号太岳,湖广江陵(今属湖北)人,又称张江陵。明代政治家,改革家

清初是盛世

女真的壮大与清朝立国 女真族是满族的前身,一直居住在今中国东北,和中原地区的汉族、蒙古族、朝鲜族关系甚密。而直至明朝洪武时,由于蒙古族的残余势力被明朝压制,于是明朝在东北一带设立远东指挥使司,开始着手控制女真部的各个部落。

女真族建州部猛哥帖木儿时为建州卫左都督,北方的部族势力强大,南下压迫建州。猛哥帖木儿被杀,建州部被迫南迁,最终定居于赫图阿拉。

南迁后,建州部与中原地区来往更为密切,社会生产力显著提高,八旗制度随即建立,而此时正是努尔哈赤担任建州部首领。努尔哈赤相继兼并海西四部,征服东海女真,统一了分散在东北地区的女真各部。

1616年(明万历四十四年),努尔哈赤在赫图阿拉称汗,建立大金(史称后金),改元天命。

1636年,皇太极改国号为清。1644年,李自成农民军推翻明朝统治,明崇祯帝自杀。吴三桂引清军入关打败农民军,同年,多尔衮迎接顺治帝入关,定都北京。清廷先后镇压了各地的农民起义和南明抗清武装,逐步统一全国。

康乾盛世 清初的康熙、雍正、乾隆三朝,为缓和阶级矛盾,实行奖励垦荒、减免捐税的政策,内地和边疆的社会经济都有所发展。至18世纪中叶,封建经济发展到一个新的高峰,史称"康乾盛世"。清朝初年,农业进一步发展,番薯、玉米、马铃薯已在全国普遍推广。手工业生产工具也得到改进更新。清朝前期,商业较之前代也更为

▼康熙南巡图局部。康熙在位时常微服私访,此画就描绘了当时的情景

活跃。集市遍布城乡，很多地方发展成为商家云集的镇。

闭关锁国 为了削弱抗清势力，清初实行严厉的禁海政策，迫使沿海居民内迁数十里，不许任何船只出海贸易。后来曾开放澳门、漳州、宁波、云台山作为对外通商口岸，但严格限制出口商品种类和出海船只的载重量。乾隆帝时，谕令限定广州一处对外通商，并规定外国商人必须通过广东十三行进行交易，由官方垄断对外贸易。

清朝的闭关锁国虽然在一定程度上阻止了西方列强进入国内，推迟了西方殖民侵略，但是也使中国疏离世界发展趋势，落后于世界进步潮流。

资本主义萌芽的缓慢增长 随着商品经济的发展，清代资本主义萌芽也有了缓慢的滋长。具有资本主义性质的手工作坊和手工工场较以往有明显的发展。在丝织业方面，手工业工场主所拥有的织机数量有很大的增加。例如江宁的丝织业，在明代远不如苏州发达，但在清代却大大超过了苏州。康熙前期，清政府对丝织业采取抑制政策，规定"机户不

▲《耕织图》，反映了清时的农业生产现状

得逾百张"。但随着丝织业和整个商品经济的发展，这种对私人手工业自由发展的限制，越来越遭到工场主的强烈反对。后经江宁织造曹寅奏免，"遂有开五六百张机者"。每张机按二人计，一个手工工场就拥有工匠千人左右。当然，这种规模巨大的手工工场是极少数，绝大多数是拥有数张至数十张的中小作坊。当时苏州的织机也有三四千张，织工总数不下万人。

▼乾隆皇帝南巡图

康熙巩固了多民族统一国家

平定三藩与统一台湾 康熙帝亲自执政后,大力整顿朝政,奖励生产,惩办贪污,使新建立的清王朝渐渐强盛起来。当时,南明政权虽然已经灭亡,但是南方有三个藩王却叫康熙帝十分担心。这三个藩王本来是投降清朝的明军将领,一个是引清兵进关的吴三桂,一个叫尚可喜,一个叫耿仲明。因为他们帮助清朝消灭南明,镇压农民军,清王朝认为他们有功,封吴三桂为平西王,驻防云南、贵州;尚可喜为平南王,驻防广东;耿仲明为靖南王,驻防福建,合起来叫做"三藩"。三藩之中,又数吴三桂最强。吴三桂当上藩王之后,十分骄横,不但掌握地方兵权,还控制财政,自派官吏,不把清朝廷放在眼里。

康熙帝知道要统一政令,三藩是很大的障碍,一定得找机会削弱他们的势力。正好尚可喜年老,想回辽东老家,上了一道奏章,要求让他儿子尚之

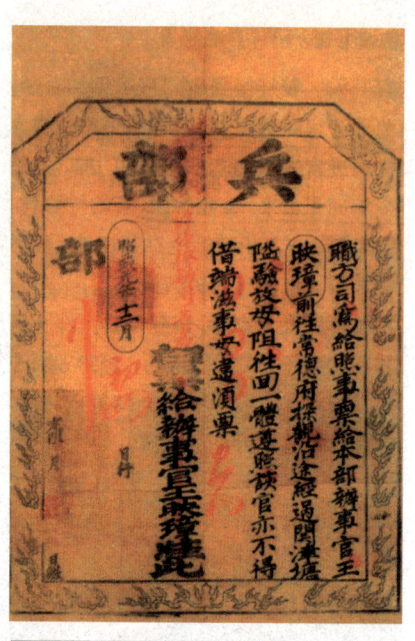

▲吴三桂颁发的兵部票 清

信继承王位,留在广东。康熙帝批准尚可喜告老,但是不让他儿子接替平南王爵位。这一来,触动了吴三桂、耿精忠(耿仲明的孙子),他们想试探一下康熙帝的态度,假惺惺地主动提出撤除藩王爵位、回到北方的请求。这些奏章送到朝廷,康熙帝召集朝臣商议。许多大臣认为吴三桂他们要求撤藩是假的,如果批准他们的请求,吴三桂一定会造反。康熙帝果断地说:"吴三桂早有野心。撤藩,他要反;不撤,他迟早也要反。不如来个先发制人。"接着,就下诏答复吴三桂,同意他撤藩。诏令一下,

◀康熙帝像。爱新觉罗·玄烨(1654—1722年),1662—1722年在位。八岁即位,年号康熙。康熙八年(1669年),逮捕鳌拜,革职拘禁。继而下令削藩,康熙二十年平定三藩的叛乱。两年后又攻灭台湾郑氏政权。二十八年订立《中俄尼布楚条约》,加强了多民族国家的统一。在他统治时期,社会经济长足发展,是为"康乾盛世"的开端

▲平定三藩战图

▲康熙帝大阅兵之盔甲

吴三桂果然暴跳如雷。他自以为是清朝开国老臣,现在年纪轻轻的皇帝居然撤他的权,就非反不可了。

公元1673年,吴三桂在云南起兵。吴三桂在西南一带势力很大,一开始,叛军打得很顺利,一直打到湖南。他又派人跟广东的尚之信和福建的耿精忠联系,约他们一起叛变。这两个藩王有吴三桂撑腰,也反了。历史上把这件事称作"三藩之乱"。

三藩一乱,整个南方都被叛军占领。康熙帝并没有被他们吓倒,一面调兵遣将,集中兵力讨伐吴三桂;一面停止撤销尚之信、耿精忠的藩王称号,把他们稳住。尚之信、耿精忠一看形势对吴三桂不利,就投降了。吴三桂开始打了一些胜仗,后来清兵越来越多,越打越强,吴三桂的力量渐渐削弱,处境十分孤立。经过八年战争,他自己知道支撑不下去,连悔带恨,生了一场大病断了气。公元1681年,清军分三路攻进云南昆明,吴三桂的孙子吴世璠自杀。清军最后平定了叛乱势力,统一了南方。

这时,郑成功已死,其子郑经统治台湾,内部矛盾发展,内讧不息。自从南明灭亡后,郑氏集团失去了政治方向,曾一度与三藩中的耿精忠结合,后又发生矛盾。郑经死后,诸子争立,郑克塽继位,力量已大大削弱。清政府在平定三藩之后,决定收复台湾,任用姚启圣、

▲北征督运图 清

施琅等练兵造船，积极准备。康熙二十二年，施琅统率舟师出海，先攻澎湖，击败郑氏军的反抗，兵至台湾。郑氏集团的防御瓦解，郑克塽出降，台湾遂统一于清朝中央政权之下。

边疆平叛 清军平定准噶尔贵族叛乱之战，是一次维护祖国统一、反对民族分裂的正义战争。明末清初，我国北方的蒙古族分为三大部：在今内蒙古地区的是漠南蒙古，在原外蒙古一带的是漠北喀尔喀蒙古，游牧于天山以北一带的是漠西厄鲁特蒙古。

准噶尔部是中国厄鲁特蒙古族的一支。明末清初，准噶尔部贵族兼并了厄鲁特蒙古各部，逐步控制了天山南北，建立了准噶尔贵族的封建统治。噶尔丹取得准噶尔的统治权后，逐渐走上与沙俄相勾结的道路。噶尔丹在沙俄的挑唆和指使下，开始把注意力转向东方。

康熙时期，准噶尔部首领噶尔丹在沙俄政府的怂恿支持下，于康熙二十七年（1688）进攻喀尔喀蒙古。喀尔喀首领仓皇率众数十万分路东奔，逃往漠南乌珠穆沁（今内蒙古乌珠穆沁旗）一带，向清廷告急，请求保护。对于噶尔丹的猖狂南犯，康熙一面下令就地征集兵马，严行防堵，一面调兵遣将，准备北上迎击。康熙二十九年（1690年）六月，康熙帝决定亲征，其部署是分兵两路出击：左路军出古北口（今河北滦平南），右路军出喜峰口（今河北宽城西南），从左右两翼迂回北进，消灭噶尔丹军于乌珠穆沁地区。噶尔丹仅率数千人逃回科布多。

三十四年五月，噶尔丹东犯克鲁伦河（今蒙古国境内）以北巴颜乌兰。三十五年五月，康熙帝命费扬古统帅清军在昭莫多（今蒙古乌兰巴托南之宗莫德）与噶尔丹主力军队激战数日，噶尔丹军阵大乱，清军追击30余里，歼敌数千。噶尔丹率残部仓皇西逃。

三十六年春，康熙帝亲赴宁夏，进剿噶尔丹残部。同年三月，噶尔丹暴病而亡。继噶尔丹成为准噶尔部首领的策妄阿拉布坦，于五十五年进犯西藏，次年十一月攻占拉萨，造成西藏地方动乱。五十九年八月，清军进入拉萨，控制西藏政局，准噶尔残部逃回伊犁。

明朝和清初的对外关系

郑和七下西洋 郑和原姓马,小字三保,回族人,祖居云南昆阳州(今云南晋宁)。明太祖统一云南后,郑和被阉入宫,靖难之役中,从燕王起兵有功,朱棣赐他姓郑,提拔为内官监太监。

为了发展对外关系,明成祖特地派遣郑和下西洋,对亚非各国进行贸易和访问。从1405年(永乐三年)到1433年(宣德八年),郑和先后七次下西洋,成为闻名世界的一件盛事。他率领规模浩大的船队,经过中国南海诸岛,跨越亚、非两洲,对几十个国家和地区进行了友好访问。

郑和第一次航行,有船只62艘,水手、船师、卫兵、工匠、医生、翻译共2.7万人。最大的船长44丈,宽18丈,可以容纳1000多人,是当时航行海上最大的船只。船上有航海图、罗盘针,具有当时世界上先进的航海设备和技术。

▼郑和纪念馆壁画

▼郑和下西洋的船队。郑和下西洋为中国同世界的联系和贸易作出了很大的贡献

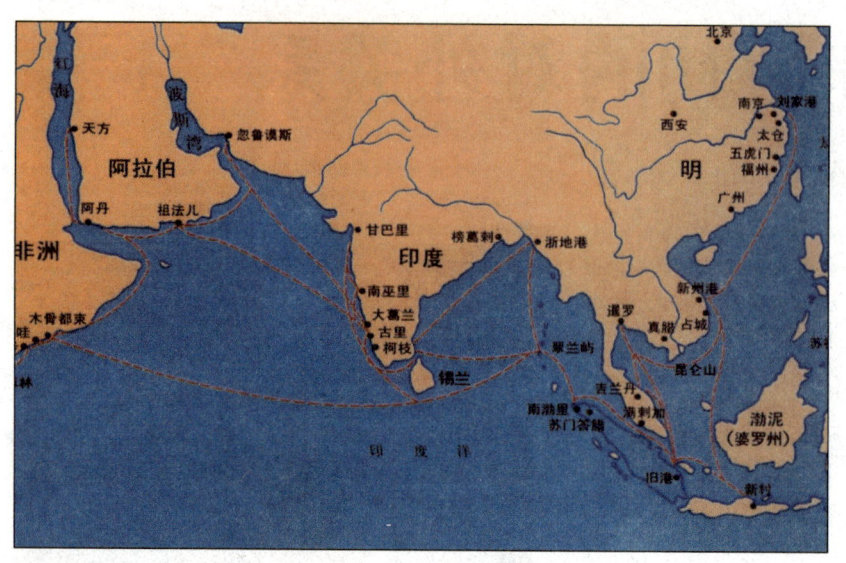

▲郑和七下西洋路线图。郑和带着他的部下经此路线到达了许多国家

郑和的船队满载中国瓷器、茶叶、铁器、农具、丝绸、金银等各类商品,用以换回亚非各国特产,如象牙、香料、宝石等海外奇珍异宝,因此人们把这些船称为"宝船"。

郑和下西洋是世界航海史上空前的壮举,比欧洲的远洋航行早半个多世纪。

抗倭斗争 明初,中日两国的经济联系有了发展,除了两国政府之间的交易外,还有占主流的双方民间贸易。那时,也有许多中国人侨居日本。在明代,中日两国之间的文化交流也比以往更加密切。

但是,中日两国人民之间的友好往来,在倭寇勾结中国沿海海盗集团骚扰东南沿海时期,遭到了破坏。元末明初,日本正处在南北朝分裂时期,封建诸侯为了掠夺财富,组织一些封建主、没落武士、浪人和走私商人,经常在中国沿海进行武装掠夺和骚扰,历史上称为倭寇。

明初,由于国家强盛,重视海防设置,因此倭寇未能酿成大患。正统以后,随着政治的腐败,海防松弛,倭寇的气焰便日益嚣张了。

◀戚继光像。戚继光,字元敬,号南塘,晚号孟诸。明代抗倭将领,军事家。于闽、浙、粤沿海诸地抗击来犯倭寇,历十余年,大小八十余战,终于扫平倭寇之患

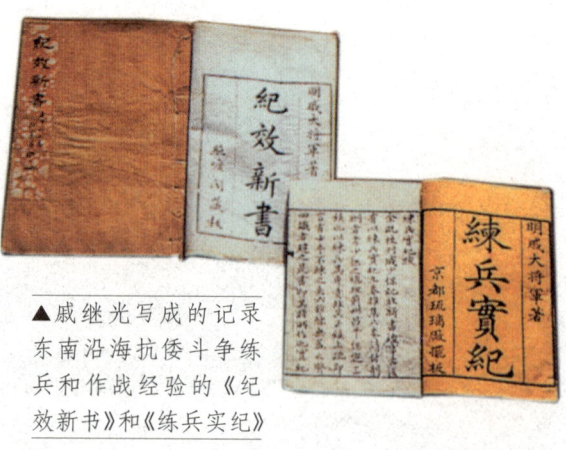

▲戚继光写成的记录东南沿海抗倭斗争练兵和作战经验的《纪效新书》和《练兵实纪》

▲《尼布楚条约》。《尼布楚条约》从法律上确定了黑龙江和乌苏里江流域包括库页岛在内的广大地区都是中国的领土

在抗倭斗争中，民族英雄戚继光功勋卓著。他是山东牟平人，曾用"封侯非我意，但愿海波平"的豪言壮语来表达自己决心消除倭寇的志向。为了消灭倭寇，他特地招募浙江义乌的矿夫和农民组成"戚家军"。这支队伍经过严格训练，勇敢善战，纪律严明，是抗倭斗争中的劲旅。1561年，在广大人民群众的配合和支持下，戚继光和抗倭名将俞大猷一起，将东南沿海倭患全部扫除。

西方殖民主义者的入侵 1601年（万历二十九年），荷兰商船首次来到中国活动。1609年，荷兰侵占澎湖，不久，被福建军民驱逐。1622年（天启二年），荷兰殖民者再度侵入澎湖，强迫岛上居民筑城堡，妄图长期占据。1624年，在福建人民的支持下，巡抚南居益遣兵攻澎湖，擒拿了荷兰指挥官高文律等12人。荷兰霸占澎湖的阴谋被打破。1642年（崇祯十五年），荷兰打败了西班牙，独占台湾。荷兰殖民者占领台湾以后，对台湾人民进行残酷的剥削和野蛮的统治，引起台湾人民不断的反抗斗争。

在西方殖民者侵略我国的同时，西方传教士也陆续来华从事宗教活动。16世纪80年代初，耶稣会士经澳门进入我国，其中有意大利人罗明坚和利玛窦等。他们在肇庆建起教堂，作为传教的据点。为了减少在华传教的阻力，他们学习华语，穿起儒者服装，与士大夫交游。1601年（万历二十九年），他们进京朝见明神宗，献上自鸣钟、万国图等方物，取得了在北京传教的权利。从此以后，传教士来华者越来越多。他们除传播宗教外，还暗中从事测绘地图、调查中国物产等活动。与此同时，他们也介绍了一些西方有关历算、水利、测量等方面的知识，增进了中国对西方科学技术的了解。

雅克萨之战 雅克萨位于今黑龙江省呼玛县西北黑龙江北岸，历史上属于中国。17世纪中叶，沙俄派兵侵占了雅克萨，并利用清廷对"三藩"用兵之时，霸占中国大片土地，抢掠财产，残杀中国民众。

康熙帝多次派使臣和沙俄和谈解决边界事端问题，但对方始终无理拒绝。为了惩罚沙俄的侵略行径，康熙帝决心夺回雅克萨，收复被侵占的大片领土。1685年，清军分水陆两路进攻雅克萨，以战舰封锁江面，用大炮猛烈轰城，迫使侵略者投降撤退。第二年，俄军又抢占了雅克萨。清军被迫再次围歼俄军，大获全胜。沙俄受到沉重打击。两次战斗之后，中俄双方通过谈判，签订了《尼布楚条约》，划定了中俄东段边界。

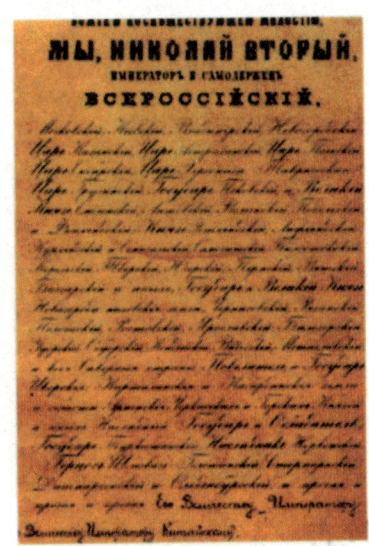

▶沙俄给清政府的国书。雅克萨之战最终清政府获胜，在此书中沙俄阐述了与清政府的协调意见

明朝和清初的文化

《永乐大典》和《四库全书》 永乐年间,明成祖敕令大臣解缙,组织 3000 名文臣儒士,历时五年,编纂成《永乐大典》。它辑入了明以前图书七八千种,内容包括经、史、子、集、戏剧、评话、天文、地理、医卜、农工技术以及道教、佛教等各方面的著作,全书共 22937 卷,约 3.7 亿字,装成 11095 册,是中国最大的一部类书。

▲《四库全书》书影。《四库全书》是中国最大的一部丛书,其中保存了许多珍贵的文献资料

《永乐大典》是按韵目编纂的。它依照《洪武正韵》韵目,分列单字,在每一单字下,随类辑入有关著作。辑入古籍时,是整部、整篇或整段抄录,因此,保留了古书的原来面目,使宋元以前许多佚文秘典,赖以保存流传。

从 1773 年(乾隆三十八年)到 1782 年(乾隆四十七年),清政府又选派纪昀等 160 余人编辑《四库全书》。《四库全书》分经、史、子、集四大类,各类又分许多子目,检阅比较方便。这套大型丛书,共收录书籍 3457 种,79070 卷,装订成 36000 余册。书的来源可分两部分,一是清廷的内府藏本,一是收集各省的民间私藏本。成书之后,抄录七部,分藏于北京和外地。

▲徐光启,明末著名科学家,在天文、数学、生物学和农学领域都有很大的成就

《四库全书》是中国最大的一部丛书,其中保存了许多珍贵的文献资料。但清政府在修《四库全书》的过程中,曾大量销毁和删改旧书,使祖国的文化遗产遭到了很大的破坏。

科学家徐光启 徐光启(1562—1633),字子先,别号玄扈先生,上海县人,明末官僚。他生活的时代,欧洲正进入资本主义时期,天文、地理、数学、机械力学等方面有了很大的发展。徐光启吸收了西方先进的科学知识,并和中国传统的科学技术相互结合,在天文、数学、生物学和农学方面获得新的成就。他组织明朝"历局"工作人员,编制了当时可算很完备的恒星图,并采用新的测算法,使日食月食的推测,较前大为精密。他主持编译的《崇祯历书》是我国天文历算学中一份完整可贵的遗产。徐光启还和意大利传教士利玛窦合译《几何原本》,不仅把欧洲数学介绍到中国来,还为我国近代数学的科学名词奠定了基础。他参加翻译的《测量全义》介绍了西方三角术和球面三角术,引述了许多新公式。三角函数表也是经徐光启等首次介绍到我国的。

▲徐光启手书《刻几何原本序》

徐光启在生物学和农学方面的贡献也很大。这方面的研究成果都汇集在他的《农政全书》中。《农政全书》不仅总结了17世纪以前中国的农业生产知识，而且融合了部分外来的农业知识。

《徐霞客游记》诞生 徐宏祖（1586—1641年），字振之，号霞客，江苏江阴人。他从青年时起就开始有计划地考察旅行，"不避风雨，不惮虎狼"，以艰苦卓绝的精神，登悬崖，临绝壁，涉洪流，探洞穴，足迹遍及今天的江苏、浙江、福建、山东、河北、山西、陕西、河南、湖北、湖南、江西、广东、广西、云南等地。

《徐霞客游记》就是他考察山水30多年的总结，具有很丰富的科学内容。徐霞客在湖南、广西、贵州和云南详细地考察了我国的西南地区岩溶的分布、类型、成因和农业情况。他所作的科学记述是世界上岩溶考察的最早文献。

▲徐霞客像。徐霞客，名弘祖，字振之，号霞客，是明代著名的地理学家和旅行家

《徐霞客游记》还记载了苗、瑶、果罗（彝）、摩些（纳西）、壮、白等少数民族的经济、历史、地理和风俗习惯，以及村落城镇的盛衰，名胜古迹的演变等，是研究我国民族和历史地理的珍贵资料。

辉煌的建筑艺术 明代园林造景达到很高的艺术水平，不仅能在有限的空间内因地制宜，开池堆山，种花木、建亭榭，巧夺天工；而且能借回廊曲院分划空间，结构复杂，形成了"景外有景""园中有园"的别致景观。苏州拙政园、留园等以幽曲明净、精巧秀丽著名。

清代的园林建筑在世界上是享有盛名的。如北京西郊的圆明园，周围广达30里，拥有150多座精美的宫殿、台阁、宝塔等建筑。从康熙时开始营建，乾隆时基本完成，道光时又有所增修，前后经历100余年，耗费白银约两亿两。

除圆明园之外，在清代兴修的建筑物中，著名的还有承德的避暑山庄和外八庙，拉萨的布达拉宫，北京的雍和宫等。

避暑山庄又名热河行宫、承德离宫，原为清代皇帝避暑和从事各种政治活动的地方，是中国优秀的古代园林建筑。康熙时开始兴建，完成于乾隆年间。它的规模宏大，占地面积达560万平方米，分为宫殿区和苑景区两大部分。其间苍山起伏，湖光变幻，洲岛错落，殿堂成群，有康熙帝和乾隆帝亲自题名的所谓七十二景。

▼和珅府花园湖心亭

外八庙分别坐落于避暑山庄东面和北面的山麓上，是从康熙到乾隆年间陆续修建的。这些大型寺庙群，依山傍水，

气势雄伟。其中有为纪念各部蒙古王公贵族来承德庆祝康熙帝六十寿辰而建立的溥仁寺,有仿照新疆固尔扎庙样式而建筑的安远庙,还有仿照拉萨布达拉宫建成的普陀宗乘之庙和仿照日喀则的扎什伦布寺而兴建的须弥福寿之庙等等。普陀宗乘之庙占地面积22万平方米,是外八庙中规模最大的一个。

避暑山庄和外八庙的建造吸取了中国南北各地建筑布局的特征,表现了祖国各民族的建筑风格,可以说汇集了中国古代造园艺术的大成。

蒲松龄和《聊斋志异》

蒲松龄(1640—1715年),山东淄川人,清初著名的小说家。他屡试不第,到处碰壁,穷困一生,只能以教书授徒为业。因此,他对清朝的黑暗统治有较深的感受。为了发泄自己的不满,在清朝文化统治的高压下,他借妖狐鬼怪的故事,编写了一部短篇小说集《聊斋志异》。他在自序中说:"集腋为裘,妄续幽冥之录,浮白载笔,仅成孤愤之书。寄托如此,亦足悲矣。"

▲龙舟斗戏,《聊斋志异》的插图

《聊斋志异》文笔流畅,语言简洁而生动,富有浪漫主义色彩,几百字的短文就能使故事情节波澜起伏,引人入胜。

吴敬梓和《儒林外史》

吴敬梓(1701年—1754年),安徽全椒人。他所写的《儒林外史》是我国一部优秀的古典讽刺小说。他在《儒林外史》里大力反对封建的科举制度和腐朽的官僚政治。在他笔下,"儒林"围绕功名富贵而互相勾结、吹捧、敲诈,礼、义、廉、耻等封建道德一概"绝灭"。这部作品还描写了当时地主与农民生活的两极分化和对立,对封建官僚宣传的"太平盛世"作了绝妙的讽刺。此外,它还有力地揭露和批判了封建礼教的吃人本质,并对下层市民深寄希望和同情,这在当时历史条件下是有进步意义的。

▼购菊迎门,《聊斋志异》插图

第八章
中国古代的科学技术

中国是世界四大文明古国之一,在历史的长河中,勤劳智慧的中国人民在科学和技术领域取得了累累硕果。早在商周时期我国的青铜冶炼技术就已经有相当高的水平,古代的医学成就更显突出。此外中国古代在数学、农学、地理学,以及建筑和水利方面的杰出成就也领先于世界。举世闻名的造纸术、印刷术、指南针、火药四大发明更是促进了人类的进步。

本章内容：

青铜文化

数学成就

中国医学

科学技术的发展

水利和建筑

中国四大发明

青铜文化

中国青铜文化的起源可以一直追溯到原始社会新石器时代，而其真正的发展最高峰则出现在商朝和西周时期，尤其是商代以鼎为代表的祭祀用容器的制作，最为著名。青铜鼎的前身是原始社会的陶鼎，本来是日用的饮食容器，后来发展成祭祀天帝和祖先的"神器"，并被笼罩上一层神秘而威严的色彩。司母戊大方鼎是典型的代表。

▲乳钉纹铜方鼎，商代早期最大的一件青铜器，河南郑州出土

司母戊大方鼎，高133厘米，重875公斤，制作于商朝，出土于河南安阳。鼎身呈长方形，口沿很厚，轮廓方直，显现出不可动摇的气势。鼎的四个立面中心都是空白素面，周围则布满商代典型的兽面花纹和夔龙花纹。这些兽面纹又称饕餮纹，是以虎、牛、羊等动物为原型，经过综合、夸张等艺术处理手法而创造出的一种神秘的动物形象。鼎耳的侧面雕刻有两只相对的猛虎，虎口大张，共衔着一个人头。这种恐怖的吃人形象，渲染出一种精神上的压迫感，以显示统治阶级的无上权威。

铸造青铜器要经过一系列的工艺程序。除了采矿、冶炼之外，还有制模、制范、浇铸、修整等工艺，分工非常精细。在殷墟和郑州商城遗址，发现有数以千计的大小陶范。大型器物采用复合范，分成几部浇铸，然后合成整体，铸造工艺相当复杂。

我国在商代时的青铜冶炼技术就已经达到相当纯熟的程度。当时，已经掌握了青铜合金的特点和性能，不同用途的器物各有不同的合金比例。

殷墟出土的司母戊大方鼎，经过化学分析，它的合金比例是：铜84.77%，锡11.64%，铅2.79%。这是长期经验的积累，是不平凡的创造。

▲司母戊大方鼎，是中国迄今发现的最重的古代青铜器

▲铜钺，山东出土，铜钺的两耳下各铸"亚丑"二字

数学成就

《九章算术》 中国古代数学专著，承先秦数学发展的源流，进入汉朝后又经许多学者的删补才最后成书，这大约是公元一世纪的下半叶。它的出现标志着中国古代数学体系的形成。

后世的数学家大都是从《九章算术》开始学习和研究数学知识的。唐宋两代都由国家明令规定为教科书。1084 年由当时的北宋朝廷进行刊刻，这是世界上最早的印刷本数学书。

《九章算术》共收有 246 个数学问题，分为九章。分别是：方田、粟米、衰分、少广、商功、均输、盈不足、方程、勾股。

《九章算术》是世界上最早系统叙述了分数运算的著作；其中盈不足的算法更是一项令人惊奇的创造；"方程"章还在世界数学史上首次阐述了负数及其加减运算法则。

▲祖冲之像。祖冲之，南北朝时期中国历史上伟大的科学家，在数学、天文、历法、机械等方面都有突出的成就

祖冲之和圆周率 魏晋时期，刘徽首创求圆周率的科学方法，把圆的内接正六边形依次分割 192 边形，得到圆周率为 3.14。他把这个数值化为分数，后人称它为"徽率"。刘徽的圆周率虽然只求到小数点后准确数第二位，但他知道可以用这一办法继续推算，直到与圆周合体。

南北朝时的祖冲之（公元 429—500 年）是中国历史上一位伟大的科学家，在数学、天文历法、机械制造等方面都有突出的成就。在数学方面，他求出圆周率在 3.1415926 和 3.1415927 之间，是世界上第一个把圆周率准确数值推算到小数点后第六位的人。祖冲之还用两个分数来表示圆周率，一个叫密率，一个叫约率。为了纪念他的贡献，人们把密率称为"祖率"。

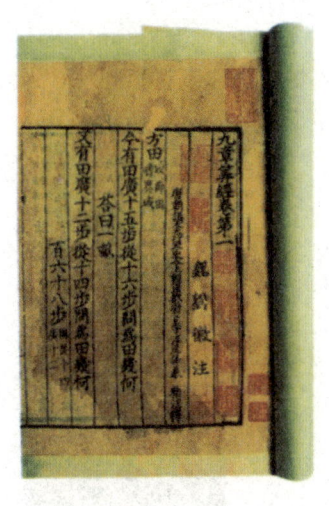

▲《九章算术》书影。《九章算术》是现存最早的中国古代数学著作，是《算经十书》中最重要的一种。其作者已不可考。一般认为它是经多人增补修订而成

中国医学

"医圣"张仲景 东汉时期,是中国传统医学创立的重要时期。东汉晚期著名的医学家张仲景,著《伤寒杂病论》,成为中医学的主要奠基人。张仲景也被后代中医奉为"医圣"。

张仲景在中医学上的卓越贡献主要是在诊断和治疗两方面。诊断方面,在辨明症状时,他先分析是阴症还是阳症,由阴阳而辨明表里,再辨明虚实、寒热,这就是中医诊断学上的八纲。在治疗方面,他用汗、吐、下、和概括了各种症状的疗法。

"神医"华佗 东汉时,另一位著名的医生是华佗。华佗精于方药、针灸,特别精于外科手术。在施行手术前,他让病人服用他发明的麻沸散,进行麻醉。施行手术后把创口缝合,涂上膏药,就能逐渐痊愈。华佗能剖腹破背,剪截冲洗肠胃,还能做需要高度精确而复杂的脑科手术。关于他的精湛医术在民间有许多脍炙人口的传说。

华佗诊病极其准确。一次,有两个官员闹头疼发热,先后找华佗看病。经华佗问明病情,给一个开了泻药,另一个开了发汗药。有人在旁边看华佗开药方,问他为什么病情相同,用药却不一样。华佗说:"这种病表面看来一样,其实不同。前一个病在内部,该服泻药;后一个只是受点外感,所以让他发发汗

▲张仲景像。张仲景,我国东汉时期杰出的医学家

▼华佗塑像。华佗,又名敷,字元化,东汉后期著名医学家

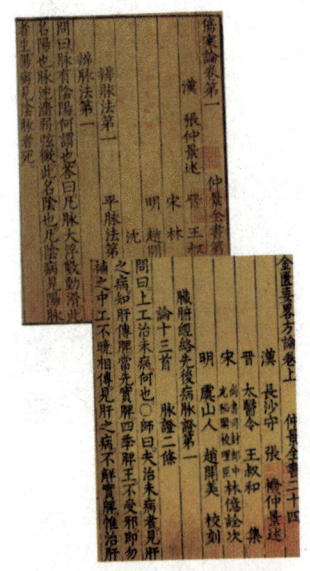

▲《伤寒论》和《金匮要略》书影。张仲景的《伤寒杂病论》被后人整理成《伤寒论》和《金匮要略》两书行世

▲五禽戏——熊、鹿、猿、鸟、虎。华佗在继承前人理论和实践的基础上，创编了五禽戏

就好了。"这两人回去抓了药服了，果然病都好了。

华佗认为人要经常运动，促进血脉流通，饮食消化，就能减少疾病。他创作"五禽之戏"，模仿虎、鹿、熊、猿、鸟五种动物的活动姿态来锻炼身体，这可以说是世界上最早的健身操。

李时珍与《本草纲目》

李时珍（1518—1593年），字东璧，号濒湖，湖北蕲州（今湖北省蕲春县）人，父祖世代行医。他在青年时便抛弃科举，随父学医。在医疗实践中，李时珍发现过去"本草"中记载的中药，尽管多达1000余种，但对药性、药名和分类的记载，有不少错误，还有许多劳动人民和医学家积累的宝贵药物知识没有被吸收进去，感到有必要重编一部新药典。他穷毕生精力，披阅了八百余家著作，并到北京、河南、江西、南京等地实地考察，还访问了成千上万的群众，前后三易其稿，终于写成《本草纲目》。

▲李时珍像。李时珍，明朝医药学家，字东璧，晚年自号濒湖山人。蕲州（今湖北蕲春县）人

《本草纲目》全书共分52卷，收药物1892种，其中由李时珍总结民间经验而增加的有300多种。书中还附有处方11096则，插图1000多幅。《本草纲目》对每种药物的名称、性能、用途、制作都作了说明，并订正了历代相沿的某些错误。它是中国16世纪以前医药学丰富经验的总结，是中国医药宝库中一份珍贵遗产，直至今天仍有实用价值。

《本草纲目》不仅是一部药典，也是一部植物学、动物学、矿物学的重要著作。

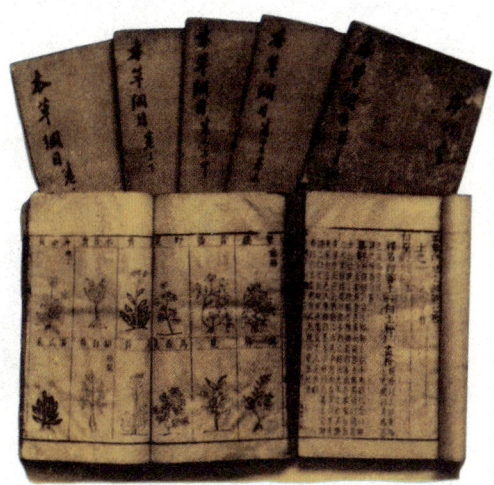

◀《本草纲目》书影

科学技术的发展

《水经注》 北魏时的郦道元在三国时代桑钦所著的《水经》的基础上，完成的一部地理学名著。

《水经注》记载的河流水道1252条，文字则是《水经》的20余倍，达32万字。其内容非常丰富，它以水道为纲，将河流流经地区的古今历史、地理、经济、政治、文化、社会风俗、古迹等作了尽可能详细的描述。因此此书已不是简单地注释《水经》，而是在《水经》的基础上独具匠心地再创作，在我国古代地理学史上占有重要地位，具有很高的科学价值。

▲《水经注》书卷，全书共40卷

《齐民要术》 贾思勰是北魏杰出农学家，他刻苦钻研，经常和经验丰富的老农研究，因此对农业的知识十分丰富。

贾思勰把自己多年的研究和前人的经验总结，结集成书，这便是一共有十一部内容的《齐民要术》。这是一部完整的、有系统的农业著作，也是世界上现存最早的一部农业名著。全书共分10卷，共92篇。其中参考和引用的古书就有一百五六十种。采用的歌谣和民间谚语便有30多条。书中的内容十分广泛，从耕种到制造醋酱，凡是有关农业生产和农民生活的，都有详细记录。

宋应星和《天工开物》 宋应星，字长庚，江西奉新县人，约生活于16世纪末到17世纪中叶，是一位杰出的科学家，他总结了当时农业和手工业生产技术，写成名著《天工开物》。《天工开物》共3卷18篇，从农作物的种植、收割、

◀贾思勰像。贾思勰，我国北魏末期（公元6世纪）杰出的农业科学家

▲《齐民要术》书影。《齐民要术》，由序、杂说、正文三部分组成，内容十分丰富

加工,到制盐、糖、油、酒、曲和制衣服、染颜色;从砖瓦、瓷器、纸张的生产,到五金的采冶,器具的锻铸,石灰、矾石、硫磺和煤炭的利用,以及车船、朱墨、珠宝等的制作,无所不载。这些成果有的是明代劳动人民的发明创造,有的是在以往的基础上加以改进的。

宋应星的研究有的已接近近代科学研究的方法。他注意利用数据来说明生产的

▲合挂太车图。《天工开物》中的插图, 图为八马驾车,是目前实物及壁画中马匹最多的车马图

质量和效率,如留心人力踏转龙骨车和牛力转动龙骨车之间功效的具体差别,推算了一亩稻秧可供移栽的面积及稻秧生长的时日,比较了胡麻、蓖麻子、樟树子的榨油量,记载了手工业、农业工具的尺寸等。这样广泛使用数据来说明问题,在宋应星之前是不多见的。

▶《天工开物》中的插图

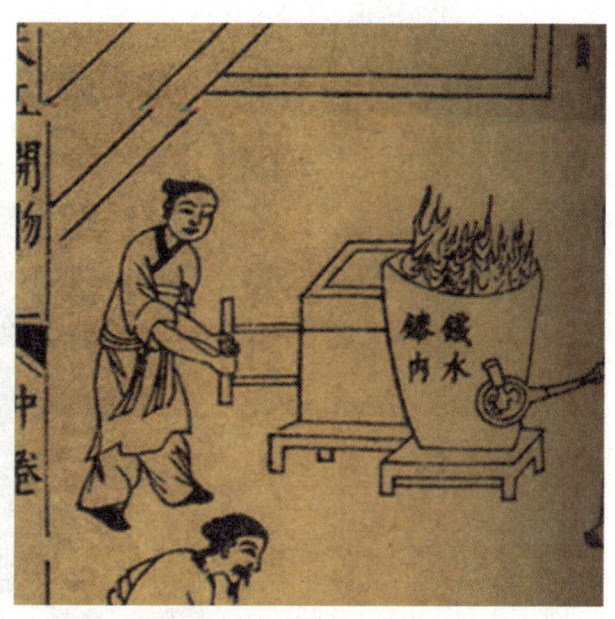

◀《天工开物》是明代科学家宋应星所著的一部科学技术著作,此书图文并茂,在当时世界科技史上占有很高地位

科学家郭守敬 1267年（至元四年），元朝政府用西域人札马鲁丁修订历法。札马鲁丁根据伊斯兰教历法制定出"万年历"，但不够准确。至元12年灭宋之后，又命郭守敬、王恂和许衡等人重新修订一份新历。

郭守敬（1231—1316），字若思，顺德邢台人，是一位在天文、水利、数学等多方面有成就的科学家。他主张通过测验来编制新历，请求政府设监候官（专职测验人员）14人，分往全国27个测验所，进行实测。经过这一番仔细实测之后，又继以精密计算和综合研究，在宋代《统天历》的基础上，于1280年（至元十七年）完成了历法的改造，命名新历为《授时历》。

郭守敬制定的《授时历》以365.2425日为一年，和地球绕太阳的周期实际相比只差26秒，同现在世界上公用的格列高利历（阳历）一岁周期相同。格列高利历系1582年制定，而郭守敬的《授时历》比它早300年。《授时历》施行了364年，是中国古代推算最精确和使用最久的历法。

郭守敬为了测验天象，创造了简仪、仰仪、高表、候极仪、玲珑仪、景符等10多件天文仪器。其中简仪所达到的精密度在当时是十分先进的。

《授时历》

元代的时候，我国在天文历法方面，已经居于世界的先进行列。《授时历》是一部非常科学的新历法。公元1970年，国际天文学会把月球背面的一个环形山命名为"郭守敬山"。中国科学院南京紫金山天文台把他们发现的四颗行星中的一颗命名为郭守敬。

▲郭守敬像。郭守敬，元朝天文学家、水利学家、数学家

▶鎏金银浑天仪。靠人力转动，通过调节仪器的游动环，可以观察太阳、月亮、星辰之间的位置关系

水利和建筑

都江堰和郑国渠 战国最著名的水利工程是李冰主持兴修的都江堰。都江堰位于岷江中游的灌县（今都江堰市）。原来岷江上游流经地势陡峻的万山丛中，一到成都平原，水速突然减慢，因而夹带的大量泥沙和岩石随即沉积下来，淤塞了河道。每年雨季到来时，岷江和其他支流水势骤涨，往往泛滥成灾，雨水不足时，又会造成干旱。

秦昭王时，李冰做蜀郡守，他在前人治水的基础上，依靠当地人民群众，在岷江流入平原的灌县，建成了都江堰。都江堰是一个防洪、灌溉、航运综合水利工程。

▲李冰父子二王庙。都江堰以其规模宏大，设计科学、工程艰巨、历史悠久、效益显著而获得赞誉。都江堰兼有灌溉、防洪、航运及城市供水等多种用途，历经2000多年至今效益不衰。后人为纪念李冰和他儿子为川西人民所作的贡献，修庙纪念，名为"二王庙"

李冰采取中流作堰的方法，将江水分成内、外两"江"。外江泄洪，内江保证大约300万亩良田的灌溉，使成都平原成为旱涝保收的"天府之国"。

关中的郑国渠，也是一个规模宏大的灌溉工程。由于是郑国设计和主持施工的，因而人们称为郑国渠。该渠总长近300华里，灌溉面积约4万余顷。由于郑国渠流水中含有大量的淤泥，所以灌溉田地能增加肥力，使贫瘠的土壤得到改良，使关中成为沃野。

▼连绵起伏的万里长城

万里长城

中国万里长城是世界上修建时间最长，工程量最大的冷兵器战争时代的国家军事性防御工程，凝聚着我们祖先的血汗和智慧，是中华民族的象征和骄傲。

从战国以来，有20多个诸侯国和封建王朝修筑过长城。秦统一六国后，秦始皇派大将蒙恬北伐匈奴，把各国长城连起来，西起临洮，东至辽东，绵延万余里，这就是"万里长城"名字的由来。但今天我们所见到的主要是明长城。

汉代继续对长城进行修建。从文帝到宣帝，修成了一条西起大宛贰师城，东至黑龙江北岸，全长近一万公里的长城，古丝绸之路有一半的路程就沿着这条长城，是历史上最长的长城。明代，为了防御鞑靼、瓦剌卜的侵扰，从没间断过长城的修建，从洪武至万历，经过20次大规模的修建，筑起了一条西起甘肃嘉峪关，东到辽东虎山，全长6350公里的边墙。

▲李冰石人水尺。石人水尺"竭不至足，盛不没肩"，对灌区的安全起到预报作用

▲郑国渠渠首遗址。郑国渠是古代陕西关中地区大型引泾灌区

▲居庸关。秦朝修建，位于北京昌平境内，是长城的一个重要关口

隋朝大运河

为了沟通南北交通，加强对全国的控制，隋炀帝下令开凿大运河。大运河利用天然河流和旧时渠道，以洛阳为中心，北达涿郡，南抵余杭，全长四五千里。大运河的凿通，大大促进了南北经济文化的交流。

大运河分四段：通济渠，沟通了黄河、淮河；邗沟，将古运河渠道拓宽取直，沟通了淮河、长江；永济渠，由黄河北达涿郡；江南河，由长江南达余杭。大运河因而成为纵贯南北的一条交通动脉。

李春和赵州桥

河北省赵县著名的安济桥（原隶赵州，故又称赵州桥），设计者是隋朝杰出的工匠李春。这座

◀隋代大运河。北起涿郡，南止余杭全线贯通

桥是单孔石桥，全长50.82米，宽9米。大桥洞上面左右各有两个桥洞。大桥洞跨度长37.45米，但桥洞的高度只有7.23米。桥身的坡度小，桥面平直，行人车马来往都很省力。桥洞的跨度大，水上船只来往也很方便。四个小桥洞也是一种独创，它既节约石料200多立方米，又减少了桥身五分之一的重量，让桥基部分的负担大大减轻，同时可以起到分洪缓冲的作用，减轻了洪流对桥身的冲击力量。由于赵州桥在结构上有很多优点，所以一直保留到现在。在1300多年前能建成这种跨度大、弧度低的桥梁结构，是非常可贵的创造。

▲赵州桥，又名安济桥，由隋代工匠李春设计完成，是我国现存最古老的石拱桥

北京故宫

故宫又称紫禁城，位于北京市区中心，为明、清两代的皇宫，有24位皇帝相继在此登基执政。始建于1406年，至今已近600年。故宫是世界上现存规模最大、最完整的古代木构建筑群，占地72万平方米，建筑面积约15万平方米，拥有殿宇9000多间，其中太和殿（又称金銮殿）是皇帝举行即位、诞辰、节日庆典和出兵征伐等大典的地方。故宫黄瓦红墙，金扉朱楹，白玉雕栏，宫阙重叠，巍峨壮观，是中国古建筑的精华。宫内现收藏珍贵历代文物和艺术品约100万件。1987年12月它被列入《世界遗产名录》。

北京皇宫（今故宫）是明代建筑的突出代表。明成祖为了迁都北京，从1406年（永乐四年）起，派员到湖广、四川、江西、浙江、山西等省采木、石等材料，并征集全国优秀工匠和百万民工，依照历代建都成规，仿照明太祖南京宫殿的样式，对元大都进行大规模改建。

明代北京城以紫禁城内皇宫为中心，外是周长18里的皇城，皇城之外是周长45里的京城。皇宫正式动工于1417年（永乐十五年），竣工于1420年（永乐十八年）。这个皇宫由几百座不同的建筑物组成，面积约30万平方米。各个建筑物大都用白色大理石做台基和栏杆，建筑物木构的本身，如木柱、门、窗等都用朱漆，横额以蓝绿两色作彩画，屋顶用黄色琉璃瓦，精美绝伦。其中奉天殿（今太和殿）、华盖殿（今中和殿）、谨身殿（今保和殿）是中心建筑，占地面积8.7万平方米。三大殿的台基各由高达二丈余的三层重叠的须弥座构成，俗称"三台"，把三大殿衬托得更加巍峨壮观。台前有精镂的丹墀，台四周用汉白玉栏杆围绕，琳琅秀丽。除紫禁城内的皇宫外，还建筑了供帝王祭祀天地、祖先、神灵用的天坛、社稷坛、山川坛、太庙和皇城正门承天门（今天安门）等。

◀故宫。故宫位于北京中心，明清时的皇宫，建于永乐十八年

中国四大发明

造纸术 蔡伦，字敬仲，桂阳（今湖南郴州市）人，东汉明帝永平末年（公元75年或以前），开始在京城洛阳皇宫里当差。章帝建初年间（公元76—84年），任小黄门（宦官中职务比较低的）。和帝即位（公元89年），升任中常侍，侍从皇帝，参预国家机密大事。后来，兼任尚方令，掌管宫廷御用手工作坊。

蔡伦总结西汉（西汉武帝时期）以来用麻质纤维造纸的经验，改进造纸术，利用树皮、碎布、麻头、旧鱼网等原料，经过精工细作，制出优质纸张。元兴元年（公元105年），奏报朝廷，受到汉和帝的称赞，从此造纸术得到推广。因此后来他被封为"龙亭侯"（封地在今陕西省洋县），所以他组织监制的纸被称为"蔡侯纸"。由于蔡伦对造纸术的贡献，使我国到公元2世纪初的东汉时期就已经完成了具有重大意义的造纸技术改革。

▲缕悬法指南针模型，这是北宋时利用人工磁铁制成的指南针

自公元2世纪蔡伦改进造纸技术，制出优良的纸张，造纸术很快推广到全国各地，简牍和缣帛逐渐被历史所淘汰。公元3—4世纪，纸成了我国唯一的书写材料，同时造纸术也不断得到改进，日趋完善。

后来，我国发明的造纸术传遍了五大洲，大大促进了世界科学文化的传播和交流，深刻地影响着世界历史的进程。正如英国科学家弗兰西斯·培根在评价包括造纸术在内的我国"四大发明"的时候所说："它们改变了世界上事物的全部面貌和状态，又从而产生了无数的变化；看来没有一个帝国，没有一个宗教，没有一个显赫人物，对人类事业曾经比这些机械的发现施展过更大的威力和影响。"

印刷术 印刷术的发明给人类文化的传播开辟了极其广阔的道路，对于推动世界文明的发展起过极大的作用。正因为这样，印刷术和火药、指南针一起，被马克思称为"预告资产阶级社会到来的三大发明"。

▼造纸生产过程示意图。造纸工艺的发展使我国的文字记录方式脱离了使用竹简的时代，造纸术也被誉为我国"四大发明"之一

▼蔡伦像。蔡伦，字敬仲。桂阳郡（今湖南郴州市）人。造纸术的发明人

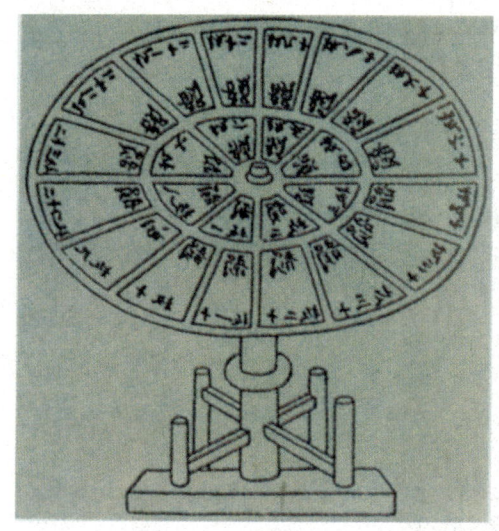

▲转轮排字架,大大提高排版的效率,为活字印刷做了很大贡献

印刷术是我国古代劳动人民经过长期实践和研究才发明的。

自从汉朝发明纸以后,书写材料比起过去用的甲骨、简牍、金石和缣帛要轻便、经济多了,但是抄写书籍还是非常费工的,远远不能适应社会的需要。至迟到东汉末年的熹平年间出现了摹印和拓印石碑的方法。大约在公元600年前后的隋朝,人们从刻印章中得到启发,在人类历史上最早发明了雕版印刷术。

雕版印刷是在一定厚度的平滑的木板上,粘贴上抄写工整的书稿,

▲毕昇像。毕昇,北宋发明家,初为印刷铺工人,专事手工印刷

薄而近乎透明的稿纸正面和木板相贴,字就成了反体,笔划清晰可辨。雕刻工人用刻刀把版面没有字迹的部分削去,就成了字体凸起的阳文,和字体凹入的碑石阴文截然不同。印刷的时候,在凸起的字体上涂上墨汁,然后把纸覆在它的上面,轻轻拂拭纸背,字迹就留在纸上了。

到了宋朝,雕版印刷事业发展到全盛时期。雕版印刷对文化的传播起了重大作用,但是也存在明显缺点。第一,刻版费时费工费料,第二,大批书版存放不便,第三,有错字不容易更正。

北宋平民发明家毕昇发明了活字印刷术,改进雕版印刷这些缺点。毕昇是北宋中期的一个普通平民知识分子,当时人称布衣。他总结了历代雕版印刷的丰富的实践经验,经过反复试验,在宋仁宗庆历年间(公元1041—1048年)制成了胶泥活字,实行排版印刷,完成了印刷史上一项重大的革命。

▼活字印刷检字拼版图,反映了印刷术在北宋时有飞速发展

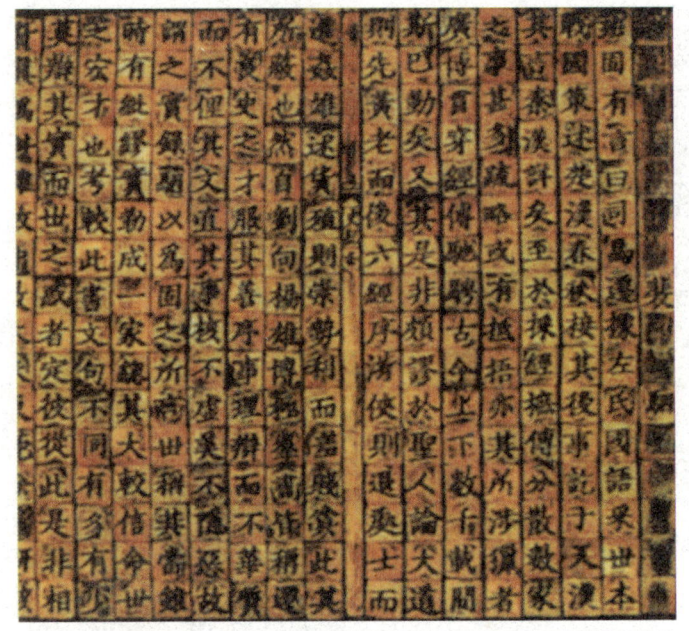

▲北宋活字版。毕昇发明了胶泥活字印刷术,是世界上最早的活字印刷技术,比西方世界的活字技术早了五百多年

毕昇的胶泥活字版印书方法,如果只印二三本,不算省事,如果印成百上千份,工作效率就极其可观了,不仅能够节约大量的人力物力,而且可以大大提高印刷的速度和质量,比雕版印刷要优越得多。现代的凸版铅印,虽然在设备和技术条件上是宋朝毕昇的活字印刷术所无法比拟的,但是基本原理和方法是完全相同的。

火药 火药的研究开始于古代炼丹术,古人为求长生不老而炼制丹药,炼丹术的目的和动机虽不可取,但它的实验方法还是有可取之处,最后导致了火药的发明。恩格斯高度评价了中国在火药发明中的首创作用:"现在已经毫无疑义地证实了,火药是从中国经过印度传给阿拉伯人,又由阿拉伯人和火药武器一道经过西班牙传入欧洲。"火药的发明大大地推进了历史发展的进程,是欧洲文艺复兴的重要支柱之一。

指南针 指南针是中国史上的伟大发明之一,也是中国对世界文明发展的一项重大贡献。指南针是利用磁铁在地球磁场中的南北极磁性而制成的一种指向仪器。最早出现的指南工具叫司南,战国时已普遍使用。它是利用天然磁石琢磨而成,样子像一只勺,重心位于底部正中,底盘光滑,四周刻二十四向,使用时把长勺放在底盘上,用手轻拨,使它转动,停下后长柄就指向南方。

但是,用天然磁石琢磨而成的司南,成品率较低,磁性较弱。到了宋代,人们发明了人工磁化方法,制造了指南鱼和指南针,而指南针更为简便,更具实用价值。它是以天然磁石摩擦钢针制成,在地磁作用下保持指南性能;以后把它装置在方位盘上,就称为罗盘。这是指南针发展史上的一大飞跃。

指南针在公元11世纪时已是常用的定向仪器。指南针的最大贡献是大大地促进了航海事业的发展。据考证,公元11世纪末,指南针就开始用于航海了。大约在12世纪末—13世纪初,指南针由海路传入阿拉伯,然后由阿拉伯传入欧洲。

▲火箭。火药的发明使火箭成为作战的有力兵器

第九章
中国古代的思想文化

世界上曾经辉煌灿烂的文明国家,多数没有能够继续维持下去,有的中断了,有的随着文化的重心转移不复存在了,唯有中华文明源远流长,绵延不断,成就辉煌,是人类的共同财富。

本章内容:

汉字的演变

百家争鸣简介

佛教与道教

中国古代文学

《史记》与《资治通鉴》

伟大的中华艺术

汉字的演变

殷商甲骨文 甲骨文是刻在龟甲、兽骨上的文字。甲骨文是现在所知最早的汉字，它的字形有大有小，笔道很细，每个字都像是一幅小孩子画的画。19 世纪末，殷墟农田中常常挖出有字的甲骨，被卖到药铺当作中药材"龙骨"出售，后经古文学家鉴定为"古简"，甲骨才作为极有价值的文物受到重视，并多次发掘。

▲宰丰骨匕刻辞。它记录了帝乙或帝辛时，宰丰受到商王赏赐的事

殷墟出土的带有文字的甲骨有 10 万多片，连同其他器物的铭文，约有单字 4000 多个。汉字的基本结构，如象形、指事、会意、形声、假借等，都已具备。近些年，在陕西周原地区又发现周早期的带字甲骨，说明甲骨文在当时是通用的文字。

▼计数甲骨文。甲骨文是目前发现的我国最古老的文字

金文 铸刻在青铜器上的金文，与甲骨文差不多同样古老，它的笔画比较粗壮，大小也比较匀称。西周流传下来的甲骨文与青铜铭文，与商代基本相同，但西周时期出土的器物较多，铭文的篇幅也较长，所以成为金文的主要部分。西周时期是中国古文字的一个重要发展时期。

西周金文一般有较长的篇幅，如毛公鼎近 500 字，记述了有关政治、经济、社会各方面的史实，有较高的史料价值。

公元前 221 年，秦始皇统一中国后，对汉字也进行了统一。从此奠定了中华民族文化统一的基础，促进了经济文化的交流与发展。

秦代的统一文字：小篆，使汉字的笔画和结构得到定型，奠定了汉字"方块形"的基础。

隶书 隶书是小篆的简便写法，最早流行于秦代下层人物中间，相传为程邈在监狱中将其整理成一种新字体。

隶书在汉代（公元前206—220年）得到了很大发展，变无规则的线条为有规则的笔画，奠定了现代汉字字形结构的基础。

楷书 中国东汉（25—220年）末年，一种新的汉字字体——楷书出现了。楷书的创始人是钟繇。

楷书笔画平直，字形方正，书写简便。直至今天，楷书仍是汉字的标准字体。

草书与行书 古代的中国人还创造出了两种可以快速书写的字体：草书和行书。

草书主要有章草、今草和狂草3种。

"今草"是东汉（25—220年）人张芝所创，"狂草"是唐代（618—907年）人张旭所创。"狂草"极难辨认，却有很高的艺术欣赏价值。

行书是一种实用与审美价值兼具的书体，魏晋（220—420年）时开始流行。

▲西周初年第一件有纪年铭文的铜器何尊，表明了当时的文字有了进一步的发展

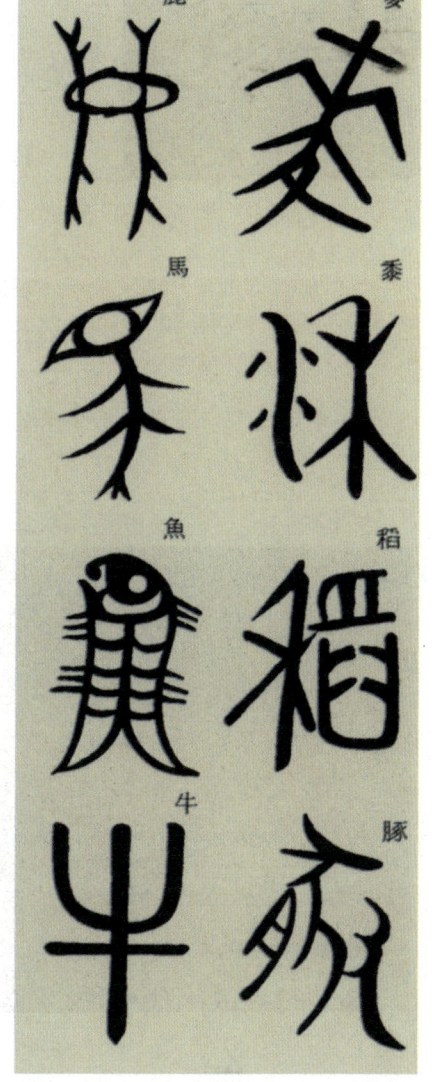

▼有关食物的金文，笔画比甲骨文相对粗壮

▲有关神职的金文，表明了当时的文字有了很大的进步

百家争鸣简介

战国时期，出现了诸子百家，这是中国思想、学术发展的黄金时期，史称百家争鸣。

道家

老子 姓李名耳，又称老聃，相传为楚国人，作过周朝的守藏史，熟悉各种典章制度。传世的老子《道德经》，是由其门人追记老子遗说所著。

老子认为，万事万物都有自己的对立面，并且对立的双方都可以相互转化。这种思想在当时是非常先进的。

庄子 战国中期的庄子，继承和发挥了老子的思想，是战国时期道家的代表人物。庄子名周，宋国人。他在著作《庄子》一书中常用寓言故事来说明深刻的道理。

庄周梦蝶 有一天，庄周梦见自己变成了蝴蝶，一只翩翩起舞的蝴蝶。自己非常快乐，悠然自得，不知道自己是庄周。一会儿梦醒了，却是僵卧在床的庄周。不知是庄周做梦变成了蝴蝶呢，还是蝴蝶做梦变成了庄周？

▲《老子骑牛图》老子（公元前570年左右—公元前470年左右），思想家。姓李名耳，字伯阳，又称老聃。在道教中，老子被称为太上老君

▲《庄子》书影。《庄子》一书内篇为庄子所著，外篇和杂篇由庄子及其弟子，以及后来学者所著。但也有人认为外篇和杂篇的大部分篇目仍为庄子本人所著，只是著述时期不同，后人托名的作品虽然也有，但是并不多

▼《庄周梦蝶图》，图中人物线条高古，结构严谨，刻画了庄周闲适的性情。此图为元代刘贯道作

▲儒家经典《大学》《中庸》《论语》《孟子》，合称"四书"，是儒家学派的主要著作

儒家

孔子 名丘，字仲尼，鲁国人，是我国古代杰出的教育家、思想家，儒家学派的创始人。他周游列国，到处游说。晚年又回到鲁国。后半生大部分时间从事讲学。孔子的言论由他的门人整理成为《论语》。

孔子认为，要实现"德治"（礼治），必须提倡"仁"学，即通过个人内心修养，形成"仁"这个无美不备的德性。"仁"是孔子伦理思想的核心。"仁者爱人""克己复礼为仁"就是他给"仁"所下的两个最主要的定义。

孟子 名轲，是战国时期儒家学派的主要代表人物。他在孔子的基础上，进一步提出"仁政"的治国主张，提醒统治者人民是最重要的。孟子的学生整理记载他的言论，编成《孟子》一书。

墨家

墨子 名翟，鲁国人，是墨家的创始人。墨家流传的著作有《墨子》一书，现存五十三篇，大部分篇章都是墨子的弟子或再传弟子记述墨子言行的集录。

墨子对劳动很重视，主张自食其力，反对不劳而获、挥霍浪费，要求节约开支，葬礼从俭。

墨子主张"兼爱""非攻"。他反对以强欺弱的兼并战争和以富欺贫的阶级压迫，企望用"兼相爱、交相利"的原则作为救世药方。

法家

韩非子 战国后期法家的代表人物是韩非子。韩非子是韩国人，是先秦法家思想的集大成者。他认为儒家的"仁政"并不能解决当时的社会问题，主张以法治国。他的著作收集在《韩非子》一书中。

▲墨子像。墨子，姓墨，名翟，中国古代著名思想家

▲《韩非子》书影。韩非子，中国古代著名思想家。荀子的学生，生活于战国末期，法家的代表人物

佛教与道教

佛教开始传入 中原西汉时,西域的某些城邦小国已经信奉佛教。西汉末,佛教开始传入中原地区。东汉初年,佛教在统治阶级中间开始流传。在最高统治者大力提倡的情况下,桓、灵时代,西域名僧安世高、支谶等都先后到了洛阳,翻译佛经多种,佛教的影响越来越大。

佛教在唐代有很大发展。由于南北朝以来新的佛经不断传入和对教义的不同解释,所以在唐代逐渐形成了许多佛教宗派。

各派虽有差异,但基本精神却是相同的。它们都提倡灵魂不灭、因果报应、六道轮回等教义,在诸派别中,以玄奘为代表的法相宗、以法藏为代表的华严宗和以慧能为代表的禅宗的影响较大。

▲释迦牟尼像。佛教创始人,佛教于公元纪元初年传入中国

道教的兴起 道教尊老子李耳为教主。因为唐朝的皇帝姓李,所以从李渊起皇帝就以教主的后裔自居,积极扶植道教,企图借助神权来巩固皇权。公元666年(乾封元年),高宗下令尊老子为太上玄元皇帝。玄宗进一步尊老子为大圣祖,令人画老子像颁发天下,要求生徒皆习《老子》《庄子》等,又封庄子为南华真人,文子为通玄真人,列子为冲虚真人等,以壮大道教的势力。玄宗还派人四处搜寻道经,编纂《道藏》3744卷。当时两京和各州府都建有玄元皇帝庙,道观也很多,仅长安就有三十所。据统计,到884年(中和四年),全国共有1900余所道宫,道士达1.5万余人。

◀老子,姓李名耳,又名老聃。道家创始人

中国古代文学

魏晋南北朝时期的文学发展 魏晋南北朝时期,文学方面最有成就的是诗歌。五言诗在东汉已经趋向成熟。建安时的曹操父子和"建安七子"(孔融、王粲、刘桢、阮瑀、徐干、陈琳、应玚)在五言诗方面都有很高的成就,写出了许多现实主义的诗篇,深刻揭露了军阀混战给人民造成的苦难。

女诗人蔡琰(文姬)的五言《悲愤诗》是建安文学的一篇杰作。全诗540字,主要是记述她自己在战乱中被匈奴所虏的悲惨遭遇和痛苦心情,反映了人民特别是妇女在战乱中所遭受的痛苦。

建安以后,在文学上有较大成就的是晋、宋之际的陶潜。陶潜,字渊明,浔阳柴桑(今江西九江)人。他出身没落官僚家庭,作过彭泽县令。后来因对门阀士族的腐朽统治不满,辞官归隐。他接触农民,写了许多反映农村生活和他参加劳动的诗篇。他的著名散文《桃花源记》,虚构了一个没有压迫、没有剥削的世外桃源,反映了诗人对当时现实的不满。他的作品隐寄着洁身守志、不与腐朽统治者同流合污的积极一面,但孤芳自赏、乐天知命的消极一面,对后世也产生了不小的影响。

▲《渊明醉酒图》陶渊明,原名潜,东晋著名的田园诗人

诗歌的繁盛 在唐朝文学中,成就最为辉煌的是诗歌。清人所编的《全唐诗》收集了唐朝2200多个诗人的48900多首诗,其数量之众多,内容之丰富,风格流派之多样,远远超出了任何一个朝代。

▼古人描绘的大观园一角,红楼梦中的故事多发生在大观园中

▲李白像。李白,中国古代最伟大的浪漫主义诗人,被称为"诗仙"

▲杜甫像。杜甫,中国古代最伟大的现实主义诗人,被称为"诗圣"

▲白居易像。白居易,字乐天,号香山居士。唐朝著名诗人

在初唐诗人中,号称"四杰"的王勃、杨炯、卢照邻和骆宾王,成就颇大。陈子昂作为一个诗歌改革者,对树立内容充实、语言刚健质朴的新诗风做出了贡献。陈子昂以后,唐诗便进入了新的发展阶段。才华横溢的诗人大量涌现,相互争辉。王维、孟浩然等以优美的田园山水诗闻名,高适、岑参等以悲壮豪迈的边塞诗著称;李贺以善用形象思维、表现手法奇特而独树一帜;李商隐以色彩艳丽的《无题》诗蜚声诗坛。在唐代众多的诗人中,最著名的是李白、杜甫和白居易三人。

李白(公元701—762年),字太白,原籍成纪(今甘肃秦安)人,幼年随父迁居四川。他是深受中国人民喜爱的一位积极浪漫主义诗人。他的诗歌内容广泛,想象力丰富,热情奔放,具有强烈的艺术魅力,对后世影响极深,被称为"诗仙"。其描写美好大自然的众多诗篇,如《望庐山瀑布》《早发白帝城》等,久为后人传诵。

杜甫(公元712—770年),字子美,河南巩县人,是中国古代杰出的现实主义诗人。世称"诗圣"。杜甫经历了唐朝由盛转衰的时代变迁,深刻地感受到统治阶级的腐朽和人民的痛苦。在安史之乱前后,他写了《兵车行》、"三吏"、"三别"等著名诗篇,描述人民的苦难,揭露了统治阶级的腐朽残暴,这些都是杜诗的精华。此外,杜甫也写了不少优美动人的诗篇。杜甫的诗内容深刻,风格沉郁雄浑,语言精炼,叙事严谨,真实地反映了广阔的社会现实生活,因而也有"诗史"之称,在中国文学史上占有重要的地位。

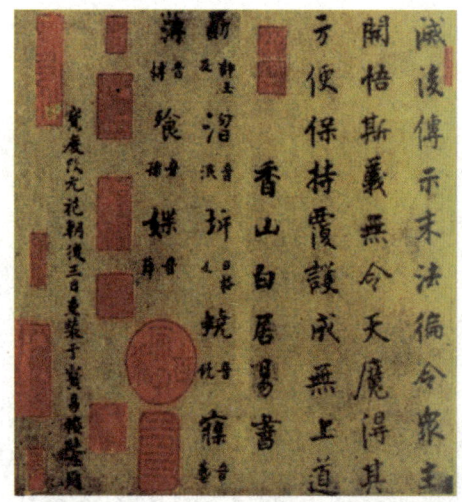
▲白居易墨迹。白居易是新乐府诗歌运动的代表,是杜甫之后,唐朝的又一杰出的现实主义诗人,是唐代诗人中作品最多的一个

白居易在文学创作上有很精辟的见解,他主张作文写诗都要接触时事,反映现实生活。在艺术上,他的诗歌具有通俗易懂、形象生动、纯朴自然的独特风格。他生活在唐朝走向衰落的时期,更有机会接触社会现实,了解人民生活。

因此，他的诗歌表现出对人民的深刻同情。此外，他的长篇叙事诗《长恨歌》和《琵琶行》，也具有丰富的社会内容，为人们所喜爱。

宋词的流行

两宋时期，中国文学的主流是新兴的词。词源于民间，始于唐，兴于五代，而盛于两宋。在宋代，由于地主经济的进一步发展，城市生活的更加繁华，不但宫廷内设有"教坊"，在较大的城市中都有歌楼伎馆，有些贵族官僚豪绅的家里也有歌伎舞女，为可以歌唱的词的普遍发展提供了条件。词在宋代文坛上逐步占据统治地位，与唐诗前后相辉映。宋词数量巨大，据唐圭璋编的《全宋词》著录词人1330多家，作品有19900多首。著名的词人有柳永、苏轼、李清照、陆游、辛弃疾等。

▲曾巩像。曾巩，"唐宋八大家"之一

柳永（约987—1053年），字耆卿，福建崇安（今属福建）人，是北宋词坛上影响最大的词人之一。他的突出贡献是发展了长调的体裁，善于用民间俚俗的语言和铺叙的手法，组织较为复杂的内容，用来反映当时的社会生活。他的作品具有浓厚的市民气息，风行一时。

苏轼（1037—1101年），字子瞻，号东坡居士，四川眉山人。他是北宋的文坛领袖，能诗善词。他冲破了狭隘的传统局限，以诗为词，不仅用诗的某些表现手法作词，而且把词看做和诗具有同样的言志和咏怀的作用。苏词富有幻想的浪漫精神和雄浑博大的意境，表现出豪迈奔放的个人性格及其乐观处世的生活态度。苏轼是宋词豪放派的创始人。

▲李清照像

李清照（1084—约1155年），号易安居士，齐州章丘（今属山东）人，是南宋初年著名的女词人。她的词以委婉含蓄、风格清新著称，为婉约派的正宗。由于生活的巨大变化，她的词以宋室南渡为分界，有前后期的不同，前期词的基调欢乐明快，后期词充满着身世飘零、国家兴衰之感。

陆游（1125—1210年），字务观，号放翁，越州山阴（今浙江绍兴）人，南宋大诗人和大词人。他是一位著名的爱国志士，非常关心民族的安危和存亡。南宋政府对金采取屈辱政策所造成的恶果，呻吟于女真贵族压榨下的北方人民的愿望，南宋统治者的残酷剥削等，在陆游的诗词中都有深刻的反映。

▲苏轼像。苏轼是宋代著名文学家，唐宋八大家之一，和其父苏洵，其弟苏辙并称"三苏"

辛弃疾（1140—1207年），字幼安，号稼轩，齐州历城（今山东济南市）人。他也是南宋著名的爱国志士，又是开创一代词风的杰出文学家。他以自己长期的政治生活和社会实践为基础，继承和发展了苏词的豪放风格，并吸取了丰富的民间语言，采用了大量的散文化词句，广泛地熔炼历史题材为其作品服务，笔力雄健，风格多样，大大地开拓了词的境界，在词的革新运动中，建立了不朽功绩。他创作的词很多，现存的《稼轩词》共有六百多首，是两宋词人中作品最多的一个，内容非常广泛，充满了爱国热情和战斗精神。

▲《西游记》插图。《西游记》，中国古代四大名著之一

古典小说的高峰 明清两代的小说已有很高的艺术成就，而且产生了大量的以历史、神怪、公案、言情和市民日常生活为题材的长篇章回小说和短篇的话本、拟话本。其中《三国演义》、《水浒传》、《西游记》和《红楼梦》堪称一代巨著，是我国古代的四大名著。

《红楼梦》，又称《石头记》，成书于清朝乾隆中期，被认为是中国最具文学成就的古典小说，是中国长篇小说创作的巅峰之作，并被认为是中国古典小说"四大名著"之首，它的影响已经超越了时代和国界，是世界文学历史上一颗璀璨的明珠，甚至在现代产生了一门以研究红楼梦为主题的学科"红学"。

曹雪芹，名霑，字梦阮，号雪芹、芹圃、芹溪。祖籍辽阳。祖先原为汉人，后入旗籍，为正白旗。曹雪芹的曾祖父曹玺之妻是康熙皇帝的奶妈，因此受到康熙的特殊照顾，任命曹玺为江南织造。曹玺去世后，他的祖父曹寅也历任苏州织造、江宁织造和两淮巡盐御史。康熙六次南巡，有四次将行宫设在江宁织造署。因为接待皇帝耗费较多，御史曾几次查出江宁织造亏欠银两，都被康熙特准以后补交，曹寅感激涕零。

曹寅去世后，其子接替江宁织造职务只有三年即去世，康熙特准曹寅之妻过继了一个儿子曹頫继承江宁织造职务，仍然对曹家亏欠抱宽容态度。

康熙去世后，雍正即位，江宁织造几次贡入的织物不合格，受到雍正训斥，后来御史汇报曹頫任由管家监工，自己不理政事，再加上亏空银两，最终因其解送织物上京，骚扰驿站，

▼《水浒传》插图。图为单身劫法场的片段

▲《金瓶梅》插图。金瓶梅也称《金瓶梅词话》，是中国小说史上第一部文人独立创作的以单个家庭为背景的长篇白话世情小说

▲曹雪芹像。曹雪芹，清代著名文学家

勒索钱物，被山东巡抚参奏，雍正批示"本来就不是个东西！"下令抄家，枷号催交亏欠，所有家产奴仆都赏给新任江宁织造，新任织造将北京房产17间和三对家仆给了曹寅之妻度日，即崇文门外菜市口曹雪芹故居。乾隆即位后宽免其欠银，但家族已经没落。

曹雪芹可能在正黄旗义学担任过职务，后移居北京西山，因为独子夭亡，感伤成疾去世。

《三国演义》是我国第一部长篇历史小说。它为人们展示了一幅生动的历史画卷，集中反映了东汉末年及三国时期各集团间军事、政治及外交斗争，树立了许多鲜活生动的历史人物形象。

《水浒传》是根据北宋末年宋江起义的题材创作而成的一部章回体小说。它以艺术的形式真实地反映了封建社会腐朽、黑暗的一面，揭示了"官逼民反"的社会现实，塑造了许多坚持正义、敢于斗争的英雄形象。

《西游记》是一部具有浓郁浪漫主义气息的长篇神话小说。它以民间流传的唐僧取经的故事为题材创作而成。小说通过丰富大胆的艺术想象，创造了一个绚丽多彩的神话世界，充满了神奇的艺术魅力。

出现于明代中期的《金瓶梅》，也是一部著名的长篇小说。全书一百回，作者署名"兰陵笑笑生"，真实姓名不可考。

小说从《水浒传》中引出，根据《水浒传》中西门庆勾引潘金莲，杀武大郎，最后被武松所杀的情节展开，略加改动，描写了西门庆从发迹到淫乱而死的故事。《金瓶梅》的书名从小说中西门庆的三个妾潘金莲、李瓶儿、庞春梅的名字中各取一字而成。也有人认为，实际上有更深一层涵义，即"金"代表钱财，"瓶"代表酒，"梅"代表女色。

▶皮影戏《三国演义》中曹操发兵

《史记》与《资治通鉴》

▲《史记》书影。《史记》对后世史学和文学的发展都产生了深远影响。鲁迅称其为"史家之绝唱,无韵之离骚"

司马迁和《史记》

司马迁,字子长,西汉武帝时期人。中国古代著名史学家和文学家,被后世称为史迁、太史公。他子继父职任太史令,历经20余年,倾注了全部心血,完成了《史记》这部不朽的史学巨著。

《史记》记载的事情从黄帝时期开始,一直到汉武帝太初年间结束,包括上下3000年的历史,对战国、秦汉时期的描写尤其详细。全书共526500字,分为本纪、表、书、世家、列传。对汉以前的典章文物、政治经济,以及天文地理、风俗民情等有详细的记载。

司马光和《资治通鉴》

《资治通鉴》是北宋著名史学家司马光编撰的中国第一部编年体通史,历时19年。全书共294卷,记载了从战国到五代时期1362年的历史。

司马光在编纂这部书的过程中,邀集了当时著名的史学家刘恕、刘攽、范祖禹为主要助手。他们吸取纪传体的优点,避免编年史的弊病,每遇重大历史事件,不再分见于多处,因此它赋予编年史体以新的生命力,对后来史学产生很大的影响。

▶司马光像。司马光,字君实,陕州夏县(今山西省闻喜县)涑水乡人,世称"涑水先生"

伟大的中华艺术

书法艺术名家辈出 书法从东汉起逐渐成为一种专门艺术。汉末,蔡邕用八分体写石经,刘德升首创行书体(草书兼真书)。曹魏时,钟繇又拓辟新境,创立真书(楷书),独享盛名于一时。东晋王羲之吸收汉魏诸家精华,集书法之大成,兼善隶、草、真、行,被称为"书圣"。人们评论他写的字是"飘若浮云,矫若惊龙"。其子王献之的书法成就不减其父,人称小圣,父子合称"二王"。北朝的书法也有很大的成就,其特点是结构严谨,气势雄厚,现存魏碑多是这种字体。魏碑还保留有隶书的一些遗迹,与南方略有不同。

▲王羲之像。王羲之,书法集大成者,被誉为"书圣"

唐朝是中国书法史上继往开来的重要阶段。

初唐欧阳询、虞世南、褚遂良、薛稷四人的楷书潇洒飘逸,端严遒劲,继承了南朝二王书体的风格。孙过庭是有名的草书家兼书法理论家,有亲书《书谱序》一卷传世。

唐中期的大书法家有颜真卿、怀素等。颜真卿把篆、隶、行、楷四种笔法结合起来,创造了方正敦厚、沉着雄浑的新书体,称为颜体,对后世影响极大。他的著名作品有《颜氏家庙碑》《多宝塔碑》等。怀素的草书刚劲有力,奔放流畅,是书法艺术的珍品,《自叙帖》是其代表作。

唐后期的著名书法家柳公权以楷书见长,他融化诸家笔法,自成一体,世称柳体,代表作有《李成碑》等。

绘画艺术争奇斗艳 东晋的顾恺之,他既善画人物,又善画山水。现存顾恺之的《女史箴图卷》,相传是后人摹写的,但也保存了真迹的遗风。

唐朝绘画不仅名家辈出,而且在题材内容、绘画技法方面都有很大进步。初唐绘画以宗教佛像和贵族人物画为主。名家有阎立德、阎立本兄弟等,现存的《太宗步辇图》和《历代帝王图》就是阎立本的杰作。

盛唐以后,人物画开始以世俗生活为内容,山水画也日益兴盛起来。最有成就的画家是吴道玄(又名吴道子),他是画工出身,对人物画和山水画都有很高的造诣,有"画圣"之称。现存的《送子天王图》据说就是他的作品。李思训、李昭道父子以画金碧山水著名,设色绚丽,描绘工细,是山水画北派之祖。诗人王维首创水墨山水画,他的山水画精炼、淡雅,富有诗意,为山水画南派之祖,对后世影响很大。

北宋初年,在宫廷中建立了翰林图画院,征召大批画家到画院供职,为宫廷服务。宋徽宗时,画院发展鼎盛。北宋的李成、范宽、郭熙、米芾和米友仁父子,以及南宋的李唐、马远、夏圭等人,都是闻名于史的画家。

宋徽宗赵佶虽是一个昏庸的亡国之君,但酷爱书画,是一流的书画家。他在绘画方面无所不能,而以花鸟画最为上乘。他画的《柳鸦芦雁图》和《芙蓉锦鸡图》,都以精炼的笔墨,达到形神俱妙的境地。

张择端画的《清明上河图》,在南北宋之际的风俗画中,是具有代表性的作品。这幅画描写了开封汴河沿岸店铺林立、市民往来的热闹场面,反映了宋代商业、运输,以及阶级关系的某些侧面,具有很高的史料价值。

清代在绘画方面也取得很大的成就。清代画坛上成就最大的是清初的朱耷、石涛、肖云从等人和清中期的扬州画家,他们都具有独创精神。他们的作品独抒个性,不拘一格,给人以清新之感。他们所画的山水、人物、花鸟梅竹等各辟蹊径,既不墨守古人的成法,又不脱离优秀的传统,成为我国绘画艺术史上的一个新流派。

雕塑艺术多彩多姿

魏晋南北朝时期的雕塑、绘画、书法都有突出的成就,代表了这一时期的艺术的最高水平。

这一时期的雕塑继承了两汉的传统,同时受印度艺术的重大影响,形成独特风格。北方统治者为了利用佛教麻痹人民,到处开山凿窟,雕塑佛像,形成许多石窟艺术。其中著名的有山西大同的云冈

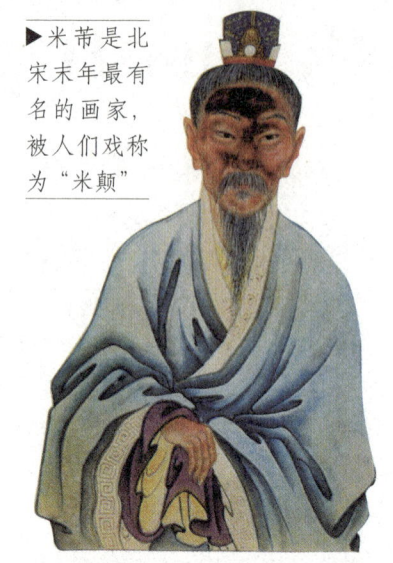

▶米芾是北宋末年最有名的画家,被人们戏称为"米颠"

▶《赵佶听琴图》。画中抚琴之人是宋徽宗,穿红衣者为蔡京

▼宋徽宗瘦金体代表作《中秋月帖》

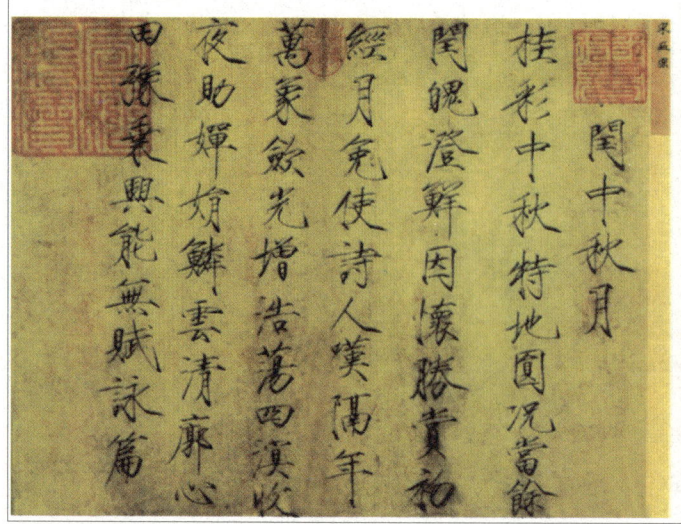

▲阎立本《历代帝王图》

石窟、河南洛阳的龙门石窟和甘肃敦煌的莫高窟——千佛洞。在这些石窟里布满了大小的佛像和其他艺术珍品。

著名的敦煌千佛洞是世界上罕见的艺术宝库。现存的492个洞窟中,唐窟达213个,几乎占了总数的一半。其中的立体泥塑佛像形态各异,栩栩如生。它们常常与壁画和谐地结合在一起,显示出雕塑艺人的高度智慧和才能。唐朝墓葬中出土的三彩陶俑,塑造得精致细腻,活灵活现,是世界上享有盛名的雕塑品。

音乐和舞蹈兴盛 唐朝在融合国内各民族乐舞的特点和吸收外来乐舞精华的基础上,创造了风格多样、优美和谐的中国民族乐舞。

唐朝舞蹈分为健舞和软舞两种,舞时配以音乐。健舞姿势雄健,舞曲有剑器、胡旋、胡腾等。软舞姿势柔软,舞曲有凉州、回波乐、鸟夜啼等。当时,来自中亚的柘枝舞流行一时。盛唐时,流行由西凉传来的霓裳羽衣舞,白居易《霓裳羽衣舞歌》对此有所反映。但舞者服饰华丽无比,非宫廷豪家无法演出。

戏剧的发展 在元以前,传统的文学体裁是抒情的诗歌和散文,而

▶文殊菩萨出行。文殊菩萨坐于青狮背的莲花座上,梵天菩萨护从悠然前行,青狮足踏莲花

从元以后,文学作品的体裁出现了有情节、有人物、有说有唱的戏剧。

在至元、元贞、大德时期(1264—1307年),出现的著名剧作家有关汉卿、白朴、马致远、王实甫,世称元曲四大家。他们的代表作品是关汉卿的《窦娥冤》、白朴的《梧桐雨》、马致远的《汉宫秋》、王实甫的《西厢记》等。这些作品都不同程度地反映了当时的现实生活,歌颂了人民的反抗斗争,在艺术性和思想性上都有空前的成就。

▲敦煌的莫高窟——千佛洞,代表了当时雕刻艺术的最高水平

明前期,统治者把杂剧作为歌功颂德和消遣享受的工具,剧坛上充斥了粉饰太平和宣扬封建道德的低劣作品,使元代以来绚丽的杂剧奇葩,一度中衰。明中叶后,随着城镇经济的繁荣,为群众所喜闻乐见的戏曲又出现了新的发展,产生了许多具有进步意义的作品,如康海的《中山狼》、李开先的《宝剑记》、王世贞的《鸣

▼壁画中的戏剧表演。这幅画是元代杂剧的演出场面,画中的横幅上书写着"大型散乐忠都秀在此作场"字样,"忠都"是演出艺人的名字

凤记》、梁辰鱼的《浣纱记》和徐渭的《四声猿》等。但是，明代剧作中最负盛名的是汤显祖的《牡丹亭》。

清代的戏剧在明代的基础上有了进一步的发展。当时流行的地方戏如秦腔、弋阳腔、徽调、二簧调等先后进入北京，与昆曲争胜。这些地方戏出于民间，有着广泛的群众基础。它们以其丰富多采的内容和形式，质朴明快的音乐和表演，通俗易解而又富于感染力的唱词和念白，赢得了人民群众的喜爱，渐渐占据了剧坛的优势。

随着戏剧的发展，一些优秀的剧本也产生出来了。清初洪升的《长生殿》和孔尚任的《桃花扇》最为有名。

《长生殿》的主题思想是通过唐明皇李隆基和他的妃子杨玉环的故事，歌颂生死不渝的爱情，同时又着力描写他们的爱情带给当时社会政治的极坏影响，暴露了统治阶级的荒淫奢侈的生活和它所加于人民的深重灾难。

《桃花扇》描写了一个秦淮歌妓李香君与复社文人侯方域恋爱的故事，写出了当时人民的亡国之恨和南明弘光政权的腐朽，企图以此来激励人民的民族气节。

▲《窦娥冤》插图，窦娥被冤杀的情景。窦娥发了三个誓愿：死后血溅白练、六月飞雪、大旱三年来表示自己的冤屈。后来都一一应验

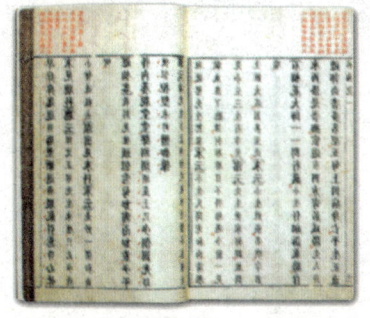
▲《窦娥冤》书影。《窦娥冤》是我国古代四大悲剧之一

▼关汉卿像。关汉卿（1220—1300年），大都（今北京）人，号己斋叟，元曲四大家之一。关汉卿写了60多部杂剧，今存18部，其中最著名的是《窦娥冤》

▲汤显祖像。汤显祖，字义仍，号海若、清远道人，晚年号若士、茧翁，临川人。中国明代末期戏曲剧作家、文学家

第二编
中国近现代史

第一章
封建王朝的没落与西方列强的入侵

近代中国由于清政府的腐败无能,西方列强不断发动侵略战争,使近代中国处在水深火热之中。在这一时期西方列强运用武力威胁强迫清政府签订了若干不平等条约,中国逐步沦为半殖民地半封建社会。

中国的主权独立和领土完整不断遭到破坏,西方列强与中华民族的矛盾激化。19世纪40年代以后,列强对华侵略加剧,中华民族危机日益深重。本章讲述列强的侵略与中国人民的抗争。

本章内容:

第一次鸦片战争与虎门销烟

第二次鸦片战争与火烧圆明园

太平天国始末

收复新疆与甲午海战

义和团与八国联军

慈禧太后其人其事

第一次鸦片战争与虎门销烟

虎门销烟 自19世纪初开始,鸦片开始大量输入中国。英国鸦片贩子不顾清政府禁止鸦片入口的禁令,贿赂清朝政府官吏,勾结中国走私贩子,里应外合,利用特制快艇进行鸦片武装走私,足迹遍及整个中国东南沿海。鸦片大量输入使得中英之间的贸易由中国的出超变为英国的出超,导致中国境内的白银大量外流,清朝财政严重受损;朝野上下,禁鸦片的呼声日趋高涨,清朝政府开始颁布禁烟令。林则徐受命为钦差大臣,于1839年三月到达广州查禁鸦片。

1838年以英国、法国为代表的欧美等国的商人在广州疯狂贩卖鸦片,清廷派林则徐在两广总督邓廷桢支持下,缉拿烟贩,整顿海防,招募水师,限令外商交出鸦片,保证"永不夹带鸦片"。1839年6月3日,林则徐下令在虎门海滩当众销毁鸦片,至6月25日结束,共历时23天,销毁鸦片19187箱和2119袋,总重量2376254斤。虎门销烟成为世界历史上抗击侵略、打击毒品的壮举。

▲林则徐像。林则徐(1785年8月30日—1850年11月22日),字元抚(又少穆),晚号俟村老人;清朝后期著名政治家、思想家和诗人;官至三品,曾任湖广总督、陕甘总督和云贵总督,两次受命钦差大臣,因其主张严禁鸦片、抵抗西方侵略、坚持维护中国主权和民族利益深受全体中国人的敬仰,曾多次粉碎英国人到中国海域进行武装挑衅,其"虎门销烟"之壮举被载入中国史册

第一次鸦片战争 中国禁烟的消息传到英国,英国决定发动侵略战争。1840年6月,英军舰队开到广东海面,封锁了珠江口进行挑衅,鸦片战争正式开始。英军见林则徐戒备严密,就沿海北上,攻陷浙江定海,再北上直逼天津。腐败的清政府统治者十分害怕,于是答应英军的要求,把林则徐撤职查办,准备与英军在广州谈判。在谈判中,英军以武力抢占了香港岛。

广东水师提督关天培坚决支持林则徐的禁烟措施,训练水师修筑炮台,加强战备,曾多次击退英军的进犯。1841年2月25日,英舰18艘向虎门发动进攻,关天培在靖远炮台率将士奋勇抵抗。26日下午英军再度发动猛攻,琦善拒发援兵,关天培孤军奋战,受伤数十处,仍亲燃大炮杀敌。最后与守炮台将士400多人一起壮烈牺牲。

1842年6月,英舰驶近吴淞口,两江总督牛鉴欲向英军求和,江南提督陈化成坚决反对。16日拂晓,英舰逼近,攻打吴淞口,陈化

▼鸦片战争图。1840年2月,英国政府对中国发动了第一次鸦片战争

成坚守西炮台,指挥守军发炮还击,激战两个多小时,击毁击伤敌舰数艘,击毙击伤侵略军多人,使英军不敢正面登陆。这时,守在宝山的两江总督牛鉴,听说陈化成击毁了英舰,以为取胜的机会来了,竟然大摆其总督仪仗,大摇大摆地出来督战。敌人发现后,发炮轰击。牛鉴一听到炮声,吓得面无人色,赶快从轿子里钻出来,丢帽弃靴,混在士兵中乱窜逃命,致使全军溃败。东炮台守将余步云丢弃炮台逃走。敌人乘机集中兵力围攻西炮台,从正面登陆。陈化成腹背受敌,英军蜂拥登岸,弹如雨下,陈化成负伤多处,仍英勇抵抗,最后和80多名兵士一起壮烈牺牲。

▲香港油画。香港于1842年在《南京条约》签订之后割让给英国

1841年,英军再次进攻虎门,接着攻陷了广州、厦门、吴淞口。1842年8月,英舰到达南京江面。在英国侵略军的胁迫下,中国清政府全部接受了英国提出的议和条款,订立了中国近代史上"第一个不平等条约"——《南京条约》。

南京条约的主要内容包括:割让香港岛给英国;赔款2100万元;开放广州、厦门、福州、宁波、上海五处为通商口岸;英商进出口货物缴纳的税款,中国须同英国商定。

第二年,英国又强迫清政府签订《南京条约》的附件。英国从中又取得了"领事裁判权"、片面"最惠国待遇"和在通商口岸租地建房的权利。

三元里人民抗英斗争　1841年5月末,英军闯到广州北郊三元里一带抢劫,受到三元里人民的惩罚。次日,英军1000多人向三元里进攻。三元里及其附近103乡的各阶层人民同英军在牛栏冈展开激战,毙伤敌军200多人。三元里人民乘胜进攻,侵略者派人向广州官府求救。广州知府按照奕山的命令,以威胁的手段强迫群众解散,英军狼狈退出虎门。三元里人民的抗英斗争是中国近代人民群众自发地反抗外国侵略者规模较大的一次英勇斗争,大长了中国人民的志气,表明了中国人民是坚强不屈的。

▼虎门销烟石刻

第二次鸦片战争与火烧圆明园

第二次鸦片战争

1856年，正当清政府忙于镇压太平天国运动之时，英法联军在俄国和美国的支持，发动了新的旨在扩大《南京条约》所取得的权益的侵略战争，这就是第二次鸦片战争。在这次战争中，中华文化遭受到一次空前的劫难。著名的皇家园林圆明园不仅被残暴洗劫，甚至被野蛮的侵略者们付之一炬。

▲描述第二次鸦片战争爆发的情景

火烧圆明园

圆明园始建于明朝。1709年，康熙帝将它赐给四子胤禛，并赐名圆明园，"圆"乃"君子之灵魂"，"明"为"用人之智慧"，是康熙帝授其子孙为人治国之计。雍正即位后，将圆明园大规模扩建，乾隆三十五年（1770年）圆明园三园格局基本形成。后来圆明园又经过嘉庆、道光、咸丰等皇帝的经营，才营造成为一座规模宏伟、景色秀丽的宫苑。清朝皇帝每到盛夏就来此避暑听政，所以圆明园也被称为"夏宫"。

圆明园共经营了150多年，它由圆明园、万春园、长春园三园组成，其中以圆明园最大，此上它还有许多属园，建筑面积达16万平方米，园里共有100多个景点。它继承了中国历代优秀的造园艺术，汇集了全国的名园胜景，是我国园林艺术的集大成之作。同时，它也大胆吸收西方建筑形式。有一组中西合璧的"西洋楼"建筑群，兼备中、日、西欧三种风格。除此之外，圆明园还是一座皇家博物馆，珍藏了无数的孤本秘籍、名人字画、鼎彝礼器、金珠珍品和铜瓷古玩等，堪称人类文化的宝库。

▼圆明园遗址

▲《圆明园九州清晏图》 清

1860年10月5日，英法联军兵临北京城下，听说清军驻守力量在北城最薄弱，便绕道安定门、德胜门，进犯圆明园。首先闯入的是法国侵略军，当法军攻破宫门时，园内太妃董嫔恐受辱而自缢身亡，护园大臣投水自尽。侵略者们见物就抢，口袋里装满了珍奇宝物，刚开始司令部还对士兵们有所节制，后英军亦赶到，联军司令部发出了"自由抢劫"的通知，一万多名士兵军官贪婪地扑向琳琅满目的珍藏，进行疯狂的洗劫，能抢就抢，能运就运，对于那些搬不走的大件器物，他们就丧心病狂地砸碎破坏。大肆洗劫后，额尔金在英国首相支持下，竟下令烧毁圆明园。10月7日—9日，迈克尔率英军第一师持火燃园，园内300多名太监、宫女、工匠都葬身于火海，大火连续烧了三天三夜，这座世界名园化为一片焦土。10月13日，侵略军攻占了安定门，控制了北京城，10月18日再次抢劫万寿山、玉泉山和香山等多处珍贵文物，并进行第二次大焚烧。这次焚烧圆明园的事件之后，有些偏僻角落和水中景点并没遭劫，清廷在以后30多年间仍将此当成重兵看守的禁苑，进行一系列的修复工程，同治、光绪和慈禧还常到此巡游。1900年八国联军侵华，圆明园再次遭受劫难，遗址被彻底破坏。

▲圆明园局部

圆明园被焚使中国文化蒙受了巨大的损失，大量的珍贵文物流落国外。它见证了外国列强无耻侵略我国的罪恶，提醒我们不忘国耻、奋发向上，为祖国的振兴和强大而不懈奋斗。

▼圆明园鉴碧亭原址 清

太平天国始末

建立政权 1840年的鸦片战争以后帝国主义的不断入侵,使清政府与外国侵略者缔结了一系列不平等条约,清政府割地赔款,开放通商口岸,中国逐步沦为半殖民地半封建社会,中国的主权受到严重损害。满族统治者也失去了早期那种锐意进取的精神,变得腐败、僵化。人民负担沉重,由此而爆发了一系列反侵略反封建运动,规模最大的是太平天国运动。

▲洪秀全的玉玺,洪秀全自称为上帝使者,创立拜上帝会

太平天国运动开始的标志是1851年金田起义,结束的标志是1864年天京陷落,历时13年。这次起义开创了中国不少先河,例如:开放科举考试让妇女参加,妇女可以参军,可以做官;中国农民起义第一次遭到中外势力共同镇压;利用西方宗教发动起义等。领导人为天王洪秀全。1853年起义军攻占了南京,把南京改名为天京,作为都城。

定都天京以后,太平天国颁布了《天朝田亩制度》,制度规定:按年龄,将全国田地分配给全国人民,目的是想建立"有田同耕、有饭同食、有衣同穿、有钱同使,无处不均匀,无人不保暖"的理想社会。是太平天国解决生产资料与产品分配的原则性纲领,体现了农民阶级要求废除旧有土地所有制的愿望。

北伐和西征 为了巩固农民政权,太平天国分别派军进行了北伐和西征。北伐的总目标是攻占清廷老巢北京,由天官副丞相林凤祥和地官正丞相李开芳率领。北伐军由于远离根据地,

▲洪秀全塑像。洪秀全,原名洪仁坤、洪火秀,客家人,清嘉庆十八年生于广东广州花县福源水村,后来移居到官禄土布村,太平天国农民起义领袖,改南京为天京作为首都,建立太平天国,称"天王"

孤军深入,流动作战,又未能深入发动群众,经过两年艰苦鏖战,终归失败。但它沉重地打击了清朝统治,推动了北方人民的反清斗争,有力地支援了太平军在长江流域的革命斗争。1853年4月12日,太平天国派春官正丞相胡以晃和夏官副丞相赖汉英率军西征。西征的战略目的在于确保天京,夺取安庆、九江、武昌三大军事据点,控制长江中上游,以屏蔽天京。西征历时三年多,攻占了上自武昌下至镇江长江沿岸的重要城市,控制了安庆、九江、武昌三大重镇及湖北东北、安徽、江西大部分地区,使天京有了可靠的屏障。与此同时,又于咸丰六年解镇江之围,摧毁了清江南、江北大营,解除了清军包围天京的军事压力。

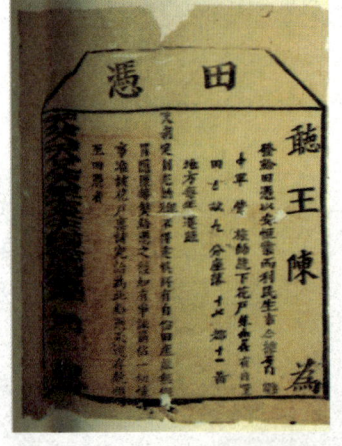

▲天国田凭。太平天国颁布新的土地制度后所发放的田凭

至此，太平天国在军事上达到了全盛时期。

太平天国失败　在军事胜利面前，太平天国内部的各种矛盾和弱点日益暴露。领导人之间为争夺权力，发生了尖锐的内部斗争。结果，东王杨秀清被杀，北王韦昌辉被处死，翼王石达开被迫率领队伍离开天京。

石达开出走以后，太平天国一时出现"国中无人""朝中无将"的危险局面。为了巩固政权，洪秀全提拔陈玉成、李秀成等一批青年将领，担任军事指挥，继续同清军作战。他们稳定了天京的局势。

1859年，洪秀全的族弟洪仁玕由香港抵达天京，被封为干王，总理朝政，提出了一个统筹全局的方案《资政新篇》。

《资政新篇》政治上主张加强中央统一领导，反对结盟联党。经济上主张效法西方资本主义国家，进行社会经济改革，提出发展交通事业，仿制火车、轮船、汽船，兴办邮政，发展民间工业、矿业，开办银行，发行纸币。文化上主张破除封建陋俗，兴医院，办学校等。外交上主张同资本主义国家自由通商，进行文化交流，坚持独立自主、反对外来侵略的原则立场。这些建议具有鲜明的资本主义色彩，符合当时中国社会发展的客观要求，具有进步意义，得到洪秀全的批准。但没有提到农民的土地问题及当时革命战争所面临的实际问题，且因处于战争环境，故未能实行。

盘踞在上海的英法侵略者勾结地方官绅，雇用美国人华尔组织"洋枪队"，抵抗太平军的进攻。李秀成在青浦大破"洋枪队"取得了青浦大捷。1862年初，李秀成率领太平军再次进攻上海。太平军斗志昂扬，连连获胜。他们打死法军总头目，活捉了"洋枪队"副队长，迫使侵略军狼狈逃回上海。不久，在浙江的一次战斗里，太平军打死了洋枪队的头目华尔。

同治二年十月下旬（1863年12月）苏州失陷。次年二月杭州陷落，三月常州沦陷。至此，太平军在苏、浙战场完全失败，天京形势危急。李秀成向洪秀全建议放弃天京转移到别处再作打算，洪秀全执意固守，使太平天国事业丧失了最后一线希望。4月29日（1864年6月），洪秀全病逝。6月16日，天京陷落，太平天国革命失败。

▼《清军奏报与太平军交战图》之一

收复新疆和甲午海战

左宗棠收复新疆 19世纪60年代，浩罕国阿古柏率兵侵入新疆，占领喀什噶尔等地，悍然宣布成立"哲德沙尔国"，自立为汗。俄英两国无视中国主权，竟承认阿古柏伪政权。70年代初，俄国直接出兵侵占伊犁地区。

▲致远号

清政府在70年代中期任命左宗棠为钦差大臣，进军新疆。新疆各族人民积极配合清军痛击侵略军，取得巨大胜利，不久，阿古柏兵败身亡。清军收复除伊犁以外的新疆地区。

80年代初，中俄两国签约，中国收回伊犁，但俄国割占了中国西部的一块领土，并索取了大量赔款。

中日甲午战争 自鸦片战争后，中国不仅需要面对西方的侵略，而且连新崛起的东方国家——日本，也对中国造成极大的威胁。

自19世纪中叶明治维新以后，日本的国势日强，积极向外拓展。它首先吞并琉球，然后侵略朝鲜以作为入侵中国的跳板。日本一面积极在朝鲜培植亲日势力，一面取得清廷同意，凡朝鲜遇重大事变，中、日两国派兵干涉时，必须事先互相通知。

1894年，朝鲜发生"东学党"起事，请求清廷出兵援助，日本乘机派大军赴朝。待到事件平定，日本却拒不退兵，并不宣而战，轰沉清朝的运兵船舰，导致中日甲午战争的爆发。清廷因事先全无作战准备，在平壤陆战及黄海海战中连遭惨败，不得已退守本国境内。日本军队乘胜渡过鸭绿江，侵占中国的许多城镇。不久又袭击威海卫，使洋务派长期经营的北洋舰队毁于一旦，清廷被逼屈膝求和。

邓世昌（1849—1894），广东番禺人，字正卿。福州船政学堂第一届毕业生，专长测量、驾驶。历任东云、振威舰管带。后调北洋舰队，任扬威舰管带。1887年，奉命赴英接受定购的致远号巡

▲左宗棠（1812—1885年），湖南湘阴人

洋舰等新舰,任致远、靖远、经远、济远四舰营务处兼致远号管带。次年,晋升为总兵。他治军严整,钻研海军战术。1894年9月17日黄海海战中,率致远号将士首先冲锋,奋勇作战。旗舰定远号帅旗被震落后,即高悬致远舰旗,以定军心。在舰伤弹尽的危境中,与日舰吉野相遇。他对大副陈金揆说:"倭舰专恃吉野,苟沉此舰,足以夺其气而成事",下令鼓轮怒驶,直撞吉野,不幸于追敌途中被鱼雷击中,与全舰250余名官兵同时壮烈殉难。

1895年,清廷派李鸿章到日本马关,中日双方签订了《马关条约》。根据该约,中国承认朝鲜独立,割让辽东半岛、台湾及澎湖列岛给日本,开放苏州、杭州、沙市、重庆为通商口岸,允许日本在各通商口岸投资设厂,以及赔偿日本军费白银2亿两等。

甲午战争后,清廷为偿还《马关条约》的巨额赔款,向列强大举借债。日本获准在中国设立工厂,自此列强纷纷效法,直接利用中国廉价的原料和劳动力,制成产品后又在中国销售,严重打击中国正在萌芽的本土工业。中华民族危机更加深重了。

▲邓世昌,北洋舰队致远舰管带,在中日黄海大战中壮烈殉国

▼甲午中日战争中的威海卫海战。在这次战役中北洋水师全军覆没

义和团与八国联军

义和团运动 自鸦片战争以来,列强对华的侵略愈剧烈,国人排外的情绪就愈高涨。当时外国教士获准在全国自由传教,一些不法教徒仗恃教会势力,欺压平民百姓,以致反教会的事件不断发生。19世纪末,各地反对洋教的斗争此起彼伏,其中以活跃于山东、河北一带的义和团规模较大。义和团原名义和拳,是反清复明的民间秘密组织。后来政府对其招抚,故改称义和团,并以"扶清灭洋"为口号。他们专门与洋人作对,宣称有神符护身,枪炮不入。

▲全副武装的义和团战士。义和团运动虽然以失败而告终,但也具有一定的积极作用

慈禧太后因外国反对其废黜光绪帝,对洋人极为愤恨,想利用义和团作为排除外国势力的工具,便召义和团民入京,称之为"义民"。于是,义和团的势力得以在北京、天津一带广为发展,并展开烧教堂、杀教士、拆电线、毁铁路等"排外"活动。各国驻京使节纷纷致电本国政府,要求出兵干涉。1900年,英、美、德、日、俄、法、意、奥等八国组成联军,进攻大沽炮台。慈禧太后遂向外国宣战,并且下令义和团围攻外国使馆。战事爆发后,联军相继攻陷天津、北京,慈禧挟光绪帝仓皇逃往西安。当时联军纪律败坏,在北京到处烧杀淫掠,使中国的老百姓深受其害,珍贵文物图籍遭到空前的浩劫。

《辛丑条约》 公元1901年(岁次辛丑),清廷派李鸿章与列强议和,签订了《辛丑条约》。根据该约,除惩办祸首谢罪、赔款4.5亿两外,清廷还须拆毁大沽炮台,允许外国在北京至山海关一带驻兵防守、在北京设立使馆区。

《辛丑条约》的签订对当时和后来的中国有着重大的影响。由于赔款数目巨大,连利息近10亿两,使国计民生陷入绝境。拆毁大沽炮台,准许列强在北京及其附近要塞驻军,更使京师重地无国防可言。同时,在八国联军之役进行之际,东南各省长官竟不顾朝廷,擅自与洋人讲和,即所谓"东南互保"。这更促使地方权势日增,埋下将来军阀割据的祸根。

清廷经过八国联军之役,完全屈服于列强的威势之下,民族自尊心尽丧,逐渐由排外转为惧外、媚外。另一方面,民众充分认识到满清的腐败无能,使革命运动得到更广泛的支持。

▲李鸿章与八国联军签署《辛丑条约》

慈禧太后其人其事

咸丰在位的10年，内忧外患不断：先是太平军起义，然后是捻军大乱淮泗；而英、法等国又乘机要挟，大动干戈；沙俄更是狮子大开口，一下子就割去了东北一百多万平方公里的土地，甚至连满洲帝国的发祥地也不放过。

在这种内忧外患的交迫下，咸丰帝身染重病，一病不起。

1861年7月，咸丰皇帝在多次昏厥之后，知道自己将要去世，便考虑托孤一事。他知道懿贵妃（慈禧）是权力欲极强的女人，而皇后钮祜禄氏（慈安皇后）没有主见。为了防止出现女后专权的局面，他把辅政的重责交给协办大学士、尚书肃顺和怡亲王载垣、郑亲王端华等八大臣。在他看来，八大臣联手足可以对付懿贵妃，即使是恭亲王站在懿贵妃一边也不怕。

但是，由于咸丰留下了"御赏""同道堂"两颗印章，便埋下了后宫垂帘听政的祸根。

原来"御赏"是咸丰帝赐皇后钮祜禄氏的私章，"同道堂"是咸丰帝赐给独子载淳的私章。这两枚私章成为皇权的象征，咸丰皇帝的意思已十分明确，那就是说，用这两颗印章来制约八大臣。

不久，八大臣上了一个极有利于懿贵妃的章疏：尊皇后钮祜禄氏为慈安皇太后；尊懿贵妃叶赫那拉氏为慈禧皇太后。

▼慈禧太后

幼帝的生母叶赫那拉氏原为咸丰的宫人，因生载淳而被封为懿贵妃，载淳继位后被尊为慈禧太后。时年26岁的慈禧有极强的权势欲，很想个人把持朝政大权。咸丰在位时，慈禧曾帮咸丰帝批阅奏折，这给她提供了很好的学习机会。按照清朝家法，太后可以垂询国事，此所谓"听政"。慈禧利用此规矩，在先帝驾崩后就向东宫慈安太后提出应废除"顾命体制"，而改为垂帘听政之制。慈安太后宽厚和平，不懂朝政，一切听慈禧的安排。贸然提出垂帘主张必然会招致大臣的反对和清议的不满，慈禧于是开始拉拢恭亲王奕䜣共商计策，两人一拍即合。

1861年10月，皇室护送咸丰灵柩回京，两宫太后偕幼帝载淳先到北京。11月2日，慈禧发动政变，以幼帝之名发上谕，解除载垣、端华、肃顺的职务，并处以死刑。同时宣布两太后垂帘听政，

▲慈禧

命奕䜣为议政王,入军机处,改年号为"同治"。虽然垂帘听政的是两个皇太后,但实际上实权只掌握在慈禧一人之手。由于得到多数文武大臣的支持,又采取了不予株连的明智政策,所以政局没有发生重大动荡。这次政变因发生在辛酉年,因此被称为辛酉政变。

从此,慈禧便掌握了清王朝的政权。她依靠曾国藩、李鸿章等组织的汉族地主武装,勾结外国侵略势力,先后镇压了太平天国、捻军和苗军、回民起义,使清王朝的统治得到暂时稳定。中日战争中,她一味求和,幻想列强出面干涉、调停,导致了甲午战争的失败,与日本签订了丧权辱国的《马关条约》。1898年,光绪帝为了振兴国家而决定变法,慈禧发动政变,扼杀新政,囚禁光绪帝于瀛台,开始复出训政。1900年,八国联军入侵北京,慈禧挟光绪出逃西安,并于第二年签订了丧权辱国的《辛丑条约》。1908年11月14日,光绪帝死,她命立年仅3岁的溥仪为帝,年号宣统,自己也于次日病死,结束了对清朝长达47年的统治。

▶垂帘听政处

第二章
中国近代化的艰难起步

中国在饱受列强欺凌、被迫开放的环境中不断进行着经济、政治和思想文化的变革,中国的近代化艰难起步,社会结构开始逐步从传统社会向近代社会转型。

本章内容:

洋务运动与百日维新

孙中山与辛亥革命

曲折的革命道路

新文化运动

洋务运动和百日维新

洋务运动始末 清廷在鸦片战争中的惨败对朝野造成极大震动。一些有识之士认为西方势力所以获胜,是由于其船坚炮利、科学技术精良,中国只有学习西方,才可以"师夷之长技以制夷"。英法联军之役及太平天国起义结束后,部分清廷官员更体会到洋枪洋炮的威力远远超过土枪土炮。他们认为,只有学习西方才能使国富民强,于是发起了以自强为目标的"洋务运动"。此外,自《南京条约》签订,中国门户大开,洋货倾销全国,城乡经济濒临破产,国家财政危机日益严重,因而也出现效法洋人发展工业以改善民生的主张。

▲曾国藩像。曾国藩是洋务运动的领导人物之一

洋务运动的领导人物有恭亲王奕䜣、曾国藩、李鸿章、左宗棠、张之洞等。奕䜣曾负责对英、法联军议和,他首先奏请设立"总理各国事务衙门"以办理涉外事务,提议购买西洋船炮枪弹及用西洋的方法练兵。其他人则纷纷集资建厂,兴办新式工业。洋务运动自19世纪60年代起,共推行了30余年。初期偏重军备武器的制造和科学知识的介绍;后期则讲求富国之道,致力发展实业。其主要内容包括加强军备,创办军事工业,制造枪炮、弹药和轮船,用西法练兵,建立海、陆新军;培养人才,设立同文馆,造就通译人才和介绍西洋学术,派遣学生出洋留学;建设实业,发展交通邮电、矿物采炼,创办织布、纺纱、造纸等民用企业。

洋务运动虽然标榜要使中国"自强""自富",但主要致力军备的发展,忽略政治、经济、社会及教育等全面改革的重要性。而以慈禧太后为首的顽固守旧派对运动又百般阻挠,加上许多经办洋务的官吏往往因循苟且、营私舞弊,以致新兴企业连年亏损,令洋务运动的目标未能达到。因此后来在中日甲午战争中,李鸿章等洋务派经营多年的北洋海军竟然全部覆没,宣告了洋务运动的失败。

洋务运动没有使中国富裕起来,但它引进了西方先进的科学技术,使中国出现了第一批近代工业企业,在客观上促进了中国资本主义的发展,推动了中国近代化的进程。

▲梁启超像。梁启超,戊戌变法倡导者之一

百日维新失败 甲午战争后,列强

纷纷划分在华势力范围,中国面临被瓜分之祸。一些仁人志士深知凭武器装备的改善不足以救国,于是希望通过改革腐败的政治,寻求救亡图存的新途径。当时,康有为、梁启超等人鼓吹维新思想最为积极。他们屡次向光绪帝上书,请求变法;并创办报刊、组织学会,大力宣传西方先进的文化思想。光绪帝很想有一番作为,便毅然接纳康有为等人的建议,于1898年(岁次戊戌)下诏变法维新,史称"戊戌变法"。

由康有为、梁启超等人倡导的戊戌变法,共历时一百零三天,故又称"百日维新"。新政的主要内容包括:政治方面,撤消或合并闲散、重复的衙门,裁减冗员,允许官民上书言事,广开言路;军事方面,裁减绿营军兵,采取西方军制,用新法训练海、陆新军;经济方面,编制国家财政预算,公布每年收支,成立路矿总局、农工商总局,倡办实业;文化方面,改革科举,设立新学堂及译书局。

▲谭嗣同像。谭嗣同(1865—1898年),字复生,湖南浏阳人,著名维新人物。据说其候刑时曾题诗"望门投止思张俭,忍死须臾待杜根。我自横刀向天笑,去留肝胆两昆仑。"

光绪帝下诏变法后,慈禧太后和一班顽固守旧的大臣坚决反对。他们先发制人,把光绪帝囚禁起来,并捕杀谭嗣同等六名维新派的主要人物,中止变法,史称"戊戌政变"。康有为、梁启超二人因得英国、日本使馆相助,相继逃亡海外。

谭嗣同,湖南浏阳人,出身官僚地主家庭,在青年时代喜欢读王夫之、黄宗羲、龚自珍、魏源等人的著作,有强烈的民族意识。甲午中日战争更加刺激他发愤提倡新学。成为维新运动时期第一流的思想家。在对待顽固派的态度上,康有为主张妥协,谭嗣同主张斗争。变法失败后,他拒绝了日本人的劝告,不肯逃亡,说:"各国变法,无不从流血而成,今中国未闻有因变法而流血者,此国之所以不昌也。有之,请自嗣同始。"后和林旭、刘光第、杨深秀、康广仁、杨锐被杀于北京菜市口。

维新运动虽然没有达到革新清朝政治的目的,但在这段时间,通过康有为、梁启超等人的介绍,西学得到进一步传播,对国人的民主自由思想具有启迪作用。洋务运动和维新运动的相继失败,使国人领悟到不彻底推翻腐败的清朝,中国是无法救亡图存的,因而使更多人投入孙中山倡导的国民革命,加速了革命事业的进行。

▼康有为像。康有为,戊戌变法倡导者

孙中山与辛亥革命

孙中山的早期革命　八国联军之役的惨败使清王朝的腐败无能彻底暴露，许多革命分子认为非推翻其统治，无以救中国。其中最著名的代表是孙中山先生。孙中山名文，号逸仙，广东省香山县翠亨村人，少年时至美国檀香山求学，接触西方的思想；后来辗转在香港、澳门、广州等地读书。他目睹清廷的腐败和列强的侵华，遂起倾覆满清、建立共和之伟志。1894年，孙中山与檀香山华侨创立近代中国第一个革命团体——兴中会。次年，又在香港设立该会总部。

继兴中会之后，各种革命团体纷纷在国内外成立，从事发动民众、组织起义的实际工作。1905年，孙中山为加强革命的力量，在日本把兴中会与华兴会、光复会等组合成中国同盟会（简称同盟会），其总部设于东京。该会的纲领是"驱除鞑虏，恢复中华，创立民国，平均地权"。同年底，同盟会出版了机关刊物《民报》，孙中山在其发刊词中提出民族、民权、民生三大主义的概念，自此确立了"三民主义"的革命政纲。

自兴中会创立以来，孙中山即长期坚持推翻清朝的武装斗争。在1911年10月前，他广泛联合华侨、会党和新军，筹划、发动与领导了近十次的反清起义。虽然这些起义均遭挫败，但革命志士视死如归、前仆后继的精神唤醒了国人的革命意识和斗志。其中最壮烈的一次是1911年4月的广州黄花岗起

▼孙中山和宋庆龄像

▶孙中山像。孙中山，名文，字载之（乃自取"文以载道"之义），谱名德明，号日新，改号逸仙，幼名帝象，后化名为中山樵，是中国近代民主革命家，民主先行者，也是中华民国建国元勋，1925年3月在北京逝世，1940年被国民政府奉为国父

义,成为后来辛亥革命的先声。这次起义由黄兴领导,因寡不敌众,被清兵击败,革命党人牺牲很多。事后,收殓的遗体共七十二具合葬于黄花岗,史称"黄花岗七十二烈士"。

辛亥革命 1911年(岁次辛亥)10月10日,一场埋葬中国专制王朝的革命——辛亥革命,在湖北省的武昌爆发。

晚清时期,中国饱受列强侵略,改革失败,民生日困,清朝病入膏肓,已成一推即倒的局面。1911年5月,清廷在邮传部大臣盛宣怀的策划下,强行收回民间集资自办的粤汉、川汉铁路,又未能解决如何补偿民间损失的问题。这一措施引致川、粤、鄂、湘四省群起反对,四川绅商成立保路同志会,誓死力争。由于保路风潮迅速发展为四川全省性的

▲黄花岗七十二烈士陵园

骚动,清廷急调湖北新军入川镇压。鉴于湖北兵力空虚,革命党人决定乘机起义。

革命前数年,与同盟会有联系的湖北两个革命团体——文学社和共进会,曾深入新军进行发动。参加这两个组织或受其影响的湖北新军士兵约有5000余人,占全省新军人数三分之一。随着全国保路斗争的蓬勃发展,湖北革命党人决定发动起义。1911年(宣统三年)9月,文学社领导人蒋翊武、刘复基和共进会领导人孙武、蔡济民等组成联合

▼湖北军政府原址

指挥机构,定于10月11日起义。10月9日,因事机泄露,起义指挥机构被破坏,主要领导人或被捕杀或逃出武昌,革命党人决定提前起义。10月10日夜,武昌新军工程第八营士兵首先起义,打响了革命的第一枪。经过一夜战斗,革命军占领武昌城,湖广总督瑞澂等狼狈逃窜。11日革命军攻占汉阳,12日攻占汉口,革命旗帜插遍武汉三镇。不久,全国各地纷纷响应,许多省份都宣布脱离清廷而独立。因这次革命爆发在农历辛亥年,故称"辛亥革命"。

辛亥革命不仅推翻统治中国长达268年的清王朝,而且结束了中国几千年来的君主专制制度,建立了中华民国。辛亥革命之所以取得胜利,一方面固然是由于清朝统治十分腐败,根基动摇,另一方面则因为孙中山先生及革命组织领导有方,"驱除鞑虏,恢复中华"等口号深入人心,群众基础广泛。从此,中国进入了一个新的时期。

▲武昌起义后,上海居民在平街报馆前等待消息

中华民国的建立
1911年10月辛亥革命爆发后,以黎元洪为首的军政府旋即成立,起义的烈焰迅速蔓延整个中国。不出两个月,全国24个省区绝大多数均已宣布"独立",摆脱清廷的控制。12月2日,革命军攻克南京。12月底,17省代表齐集南京举行会议,决议成立"中华民国",并推选刚由国外归来的革命领袖孙中山为中华民国临时大总统。

1912年1月1日,孙中山在南京宣誓就职,正式宣布中华民国成立,采用公历纪年。不久,又以黎元洪为南京临时政府之副总统,通过孙中山提出的内阁人选,由各省选派参议员组成参议院作为立法机关。1912年2月12日,清朝末代皇帝溥仪正式宣布退位。这样,孙中山领导的革命运动,终于宣告了统治中国268年清王朝之终结。中国这个文明古国终于挣脱君主专制的枷锁,开始了她的新生。

▼孙中山举行第一次内阁会议

曲折的革命道路

袁世凯独裁与二次革命 当革命军于1911年底占领武昌时,清廷即起用袁世凯为内阁总理大臣,率领北洋军队南下镇压。袁世凯一面以兵力威胁革命军,一面又利用革命军要挟清廷,企图居间获利。由于当时革命军的实力不足,孙中山不愿内战延长,就以清帝退位、赞成共和、遵守约法为条件,同意把临时大总统之位让给袁世凯。袁世凯见自己目的已达到,便在1912年2月12日逼宣统帝宣告退位。接着,参议院通过了《中华民国临时约法》,而袁世凯则在北京就任临时大总统。

▲袁世凯和他的部下们。1912年3月10日,袁世凯在北京就任临时大总统

袁世凯夺权后,即加强其独裁统治。他在继任临时大总统时,不愿离开北方的根据地,所以预先指使部下发动兵变,迫使参议院同意把临时政府迁往北京。此后,袁世凯进行了一连串阴谋活动,加强个人的独裁统治。当时的革命领导人之一宋教仁热衷于政党政治,于1912年8月改组同盟会为国民党,后取得国会的多数席位。袁世凯为了不受政党内阁的监督,首先派人暗杀宋教仁,然后非法向外国银行借款,加强军队实力。

袁世凯的倒行逆施激起革命党人的愤慨,孙中山因而号召进行"二次革命"。1913年7月,江西李烈钧、南京黄兴、上海陈其美、安徽柏文蔚等国民党人,先后举兵起义讨袁,各地陆续响应。但因北洋军队实力雄厚,"二次革命"首尾仅坚持了两个月,便被袁世凯镇压下去了。

洪宪帝制与护国运动 袁世凯窃取了辛亥革命的成果后,进一步图谋恢复帝制,并亲自导演了一场受世人唾骂的丑剧——洪宪帝制。

◀袁世凯像。袁世凯(1859—1916年),字慰庭,号容庵,是中国近代史上赫赫有名的北洋军阀鼻祖、中华民国大总统,风云一时,叱咤中国政坛

"二次革命"失败后,袁世凯强迫国会选其为正式大总统,不久又进一步解散国会,废除《中华民国临时约法》,以扩大总统的权力。但他并不以此为满足,后来更制造舆论,鼓吹中国只适宜君主制度,又组织群众请愿,拥戴他为皇帝。公元1916年元旦,袁世凯正式称帝,改中华民国为中华帝国,以洪宪为年号。

袁世凯的称帝激起全国人民的义愤。孙中山再度号召各省讨袁,云南都督蔡锷首先宣布独立,组织"护国军"出师进讨,各省也先后响应。袁氏的亲信见势头不对,纷纷倒戈相向。袁世凯只做了八十三天皇帝,便在众叛亲离的情况下,被逼取消帝制,并于1916年6月郁郁而死。"护国之役"终于取得了胜利。袁世凯的洪宪帝制从此被人讥笑为"八十三日皇帝梦"。

张勋复辟 1916年6月袁世凯死后,由黎元洪继任大总统,日本鼓动段祺瑞政府对德宣战,段祺瑞想以武力胁迫黎元洪和国会同意参加欧战的议案。黎元洪便于5月将段祺瑞免职,段祺瑞则令属下各省督军宣布独立,并在天津设立"独立各省总参谋处",拟进兵北京。

黎元洪因情势危急,于是电召安徽督军张勋入京调停。

▲复辟时的溥仪。清宣统(末)皇帝爱新觉罗·溥仪,也称清逊帝,是清朝的最后一位皇帝

1917年6月,张勋率军五千北上,路过天津时曾与段祺瑞磋商,段祺瑞想借张勋之手解散国会、驱逐黎元洪,因而对他假装表示支持,极力怂恿他入京。张勋遂在天津通电迫使黎元洪解散国会,旋即拥兵入京。7月1日凌晨,张勋、康有为等迎清朝末代皇帝溥仪出御太和殿,改民国六年为宣统九年。张勋受命为议政大臣、直隶总督兼北洋大臣,北京城重挂前清黄龙旗。此乃民国建立后第二次恢复帝制,史称"张勋复辟"。

7月12日,段祺瑞率军入京,张勋逃入荷兰使馆,溥仪再次退位。此次复辟仅历时十二天即告夭折。

▲张勋像。张勋,江西奉新人,是1917年"辫子军"复辟的主角

新文化运动

袁世凯在窃取了辛亥革命的成果后，实行专制独裁统治，在思想文化领域掀起了一股尊孔复古的逆流，公开下令祭天祀孔、尊孔读经。在社会上，孔教会等各种组织纷纷出现，他们主张定孔教为国教，公开宣扬鬼神迷信。为了捍卫共和、反对倒退，中国思想文化界发动了一场旨在救国救民的新文化运动。

1915年9月，陈独秀在上海创办《青年杂志》(1916年改名为《新青年》，编辑部也迁往北京)，标志着新文化运动的兴起。陈独秀早年留学日本，积极接受西方思想文化。辛亥革命前，他就积极从事反清斗争，曾在日本组织爱国团体，倡导民主革命。辛亥革命后，参加了反袁的"二次革命"，失败后流亡日本。1915年回上海，1916年应北京大学校长蔡元培的聘请，任北京大学文科学长。此后，他以《新青年》为主要阵地，介绍西方的先进思想和文化，猛烈地抨击中国的封建思想文化，成为新文化运动的倡导者和旗手，被称为"思想界的明星"。在《新青年》的影响下，宣传新思想、新文化的刊物大量涌现。北京大学和《新青年》编辑部成为新文化运动的主要阵地，李大钊、胡适、鲁迅和周作人等先后加入编辑部，成为《新青年》的主要撰稿人和新文化运动的主要倡导者。新文化运动的旗帜是民主和科学，它的主要内容有：

首先，宣传民主和科学。陈独秀在《青年杂志》创刊号上，鲜明地提出了"人权"和"科学"的口号。提倡民主，就是提倡资产阶级民主政治，建立资产阶级民主共和国，反对君主专制和军阀独裁。提倡科学就是提倡自然科学和科学的思维方式，反对蒙昧主义和封建迷信。

▲陈独秀像。陈独秀（1880—1942年），安徽怀宁（今安庆市）人，字仲甫。1915年9月在上海创办《青年杂志》，是新文化运动和"五四"运动领袖之一。自1912年7月中国共产党成立到1927年8月，连任党中央书记。由于第一次国内革命战争后期奉行右倾投降主义，使革命失败，1927年被撤销总书记职务

▼《青年杂志》与《新青年》

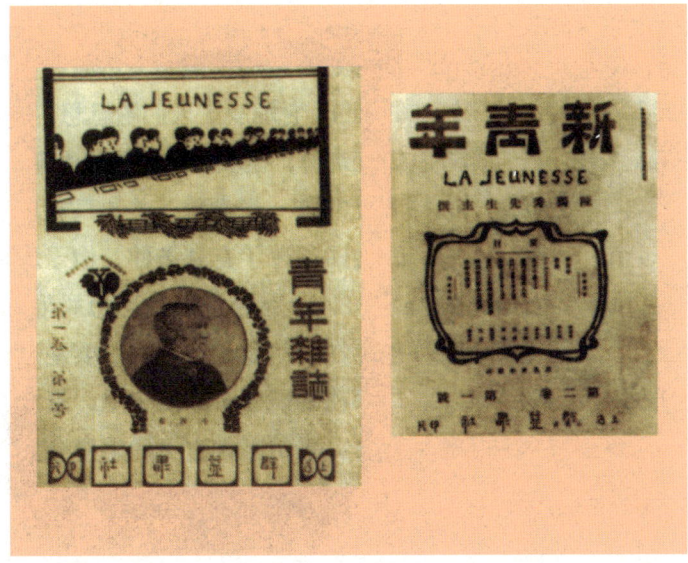

▲蔡元培任北京大学校长后，奉行"兼容并包，学术自由"的办学方针。"旧派"代表刘师培等与"新派"代表李大钊、鲁迅、胡适等同在课堂自由讲学

陈独秀抨击君主专制的腐败，指出中国必须抛弃延续数千年的专制的个人政治，实行自由自治的国民政治。在科学的旗帜下，《新青年》上登载了许多介绍著名科学家发明创造的事迹和关于医学、物理学、生理学等方面的知识。

其次，提倡新道德、反对旧道德。他们针对尊孔复古逆流，把批判的锋芒直接指向维护封建统治的思想支柱儒家说，高举"打倒孔家店"的大旗。陈独秀认为以儒家学说为代表的封建伦理道德是阻碍中国人民觉醒的最大敌人。倡导者们还以进化论阐明孔子学说已不适应现代社会生活，它与民权、平等的民主共和思想是背道而驰的。与此同时，他们大力提倡资产阶级的新道德，强调个性解放。

第三，提出"提倡白话文，反对文言文，提倡新文学、反对旧文学"的口号，开展了一场文学革命。胡适提出文学改良的口号，主张以白话文代替文言文。陈独秀提出文学革命的口号，要求从形式到内容对文学进行改革。白话文写作由此成为一种具有广泛社会影响的运动。鲁迅从1918年起，陆续发表《狂人日记》《孔乙己》等小说和多篇杂文，出色地把反封建的革命内容和白话文的表现形式结合起来，树立了新文学的典范。

新文化运动是一批激进的民主主义知识分子倡导的思想启蒙运动，是辛亥革命在文化思想领域的延续。它解放了人们的思想，鼓舞人们打破传统束缚，寻求救国救民的真理，促进了中国人民的进一步觉醒，并为马克思主义在中国的传播创造了有利条件。由于历史条件的局限和运动倡导者们的思想局限，新文化运动也存在着明显的缺点，主要是运动的参加者局限在知识分子的圈子里，没有同广大群众结合；采用形式主义的态度分析问题，在对待文化上存在着片面性等，这对以后的历史发展产生了消极的影响。

▶北大校长蔡元培

第三章
中国共产党的诞生与中国革命的新局面

新民主主义革命是中国历史一个重大的转折，共产党领导的无产阶级从此走上了中国革命的大舞台。

1921年中国共产党成立，中国革命焕然一新。第一次国共合作推动了革命运动的高涨。国共合作破裂后，中国共产党为反抗国民党统治，进行工农武装革命，开始了中国革命道路的艰难探索。

本章内容：

五四爱国运动

中国共产党成立

国共第一次合作

孙中山广州患难

星火可以燎原

五四爱国运动

五四运动 民国成立以后，中国内忧外患的局面不仅没有改变，而且出现全国混战的状况。但中国的仁人志士并没有放弃奋斗。新一轮的救国运动在险恶的形势下蓄势待发。

第一次世界大战爆发后，日本不顾中国的中立地位，借口对德宣战，于1914年派兵在山东登陆，进攻德国租借地胶州湾，并占领胶济铁路全线，图谋承袭德国在山东的特权。1915年，日本向中国提出图谋灭亡中国的"二十一条"要求，当时袁世凯、段祺瑞等北洋政府为求日本的支持，先后予以承认。

▲人民英雄纪念碑"五四运动"浮雕

第一次世界大战后，战胜国于1919年初在巴黎召开和平会议，中国也派遣代表出席。在会上，中国以战胜国的身份要求取消列强在华一切特权，废除"二十一条"，并把德国在山东的权益直接交还中国。与会列强认为前两项不属于对德和约范围，拒绝讨论；至于有关山东问题，英、法、意等国也偏袒日本。结果，巴黎和会公然把日本承袭德国在山东的权益一项，列入对德和约的条文中。

▲李大钊像

当中国在巴黎和会上外交失败的消息传来，举国愤怒不已。1919年5月4日，北京学界数千人在天安门前集会，举行示威大游行，以"外争主权，内除国贼"为口号，要求政府严惩参与对日外交的官员曹汝霖、章宗祥及陆宗舆等，并且呼吁全国一致抵制日货。北洋政府出动军警镇压，逮捕学生多人。不久，北京学生全体罢课以示抗议，各地学生纷纷响应。学生的爱国运动迅速扩展至全国，上海、南京、天津等大城市均掀起罢工、罢市的浪潮。五四学生运动迅速发展成为全民爱国运动。北洋政府知众怒难犯，只好下令撤销上述三人的职务，释放被捕学生。最后，中国代表也拒绝在对德和约上签字，维护了国家的尊严。史称"五四运动"。

▼焚烧日货现场，1919年5月9日，清华大学举行国耻纪念大会之后，众多学生在操场焚烧日货

马克思主义的传播 五四爱国运动以前，中国知道马克思主义的人极少，经过五四爱国运动，了解马克思主义的人越来越多了。五四爱国运动以后宣传新文化的刊物，如雨后春笋似的出现。1919年，《新青年》杂志出版了《马克思主义研究专号》，刊载了李大钊的《我的马克思主义观》比较全面地介绍了马克思主义。随后，各地建立了许多宣传马克思主义的团体。

中国共产党成立

1921年，中国历史上发生一件开天辟地的大事，这就是中国共产党的诞生。

自从1919年的五四运动以后，马克思主义在中国得到了广泛的传播，许多革命社团和进步刊物如雨后春笋般涌现出来，一大批具有初步共产主义思想的先进知识分子，以极大的热情研究和传播马克思主义和俄国十月社会主义的经验。当时最负盛名的人物是"南陈北李"。"南陈"指陈独秀，是安徽人；"北李"指李大钊，是河北人。他们撰写文章、创办刊物、抨击时政，扩大了马克思主义在中国的传播。

中国革命形势的发展引起了俄国共产党的注意，共产国际决定帮助中国的马克思主义者建立共产党组织。

1921年6月3日，共产国际首任驻华代表马林乘坐"阿切拉号"轮船到达上海。不久，阿尔斯基也来到上海，他们很快与李达、李汉俊等人建立了联系，在分析了中国革命的形势以后，他们建议召开党的代表大会，正式成立党的组织。

1921年7月，中国共产党第一次全国代表大会在上海法租界贝勒路树德里三号（现兴业路76号）开幕，出席大会的代表共13人，他们是上海代表李达、李汉俊；北京的张国焘、刘仁静；湖南的毛泽东、何叔衡；湖北的董必武、陈谭秋；山东的王烬美、邓恩铭；广东的陈公博及日本的中国留学生代表周佛海。陈独秀、李大钊因故没有参加。

会议由张国焘主持，毛泽东与周佛海做记录，会议开始进行得比较顺利，然而，一个突发事件使后来的会议被迫中断。

▼1921年7月30日晚，中共"一大"会议因遭法租界巡捕的搜查被迫中断，代表们分散转移到浙江嘉兴南湖，在一艘游船上结束了最后一次会议，图为该游船的复制品

▲中共"一大"会址——上海法租界贝勒路树德里，后称望志路106号，今为兴业路76号

这一天，会议开始不久，一名穿灰色长衫的中年男子，突然闯入会场。他号称找错了地方，引起了大家的怀疑，马林当机立断，建议会议立即停止。在场的人先后离去，只留下陈公博、李汉俊两人。

果然，10分钟后，法租界巡捕便包围了会场，闯进室内，进行了搜查。他们发现了一些介绍和宣传社会主义的书籍，但这没使他们产生怀疑，当时的党纲就放在抽屉里，巡警们看它是一张改得一塌糊涂的薄纸，认为是一张废纸，连看都没看。

巡捕们找不到证据，便怏怏离去。

为了使代表大会继续开下去，代表们只好转移会址，分两批离开上海去嘉兴。马林、尼科尔斯基、陈公博3人因故没去。

后来，代表们到达了嘉兴，租了一条游船，为了会议的安全，他们带着乐器、麻将牌，船的中舱桌上还摆着酒菜，以游客身份作掩护。这天，小雨连绵不断，湖上游人稀少，四周一片寂静，清风徐来，水波荡漾。大会讨论通过了中国共产党的纲领等决议，选举了党的中央机构，由陈独秀、李达、张国焘三人组成中央局，陈独秀为中央局书记，李达为宣传主任，张国焘任组织主任。下午6时左右，大会胜利闭幕。

▼共产国际首任驻华代表马林

中国共产党是一个完全新式的，以共产主义为奋斗目标，以马克思列宁主义为行动指南的统一的工人阶级政党，它改变了中国的革命方向，加速了革命胜利的进程。

毛泽东说："自从有了中国共产党，中国革命的面貌就焕然一新了。"

国共第一次合作

国共合作 五四运动重新点燃了当时处于低潮的共和革命。1919年,孙中山重组国民党以反对当时的北京政府。北京政府当时仍然具有合法性并与西方世界有联系。到1921年,孙中山成为南方政府的大总统。1921年,他向刚刚在本国的革命中取得胜利的苏联求助。苏联领导人出于政治上的考虑,同时支

▲国民党第一次全国代表大会会场。此次大会标志着国共两党首次实现合作

持孙中山和刚刚建立的中国共产党。

1923年,孙中山和苏联代表在上海发表了一份联合声明,表示苏联将协助中国的国家统一。1924年1月20日—30日,中国国民党第一次全国代表大会在广州举行。大会接受了中共反帝反封建的政治主张,确定了联俄、联共、扶助农工的三大政策,从而把旧三民主义发展为新三民主义,奠定了国共合作的政治基础,标志着以国共合作为基础的革命统一战线的形成。

蒋介石的崛起 苏联顾问帮助建立起政治机构并开展人员培训和政治宣传,并于1923年派遣孙中山从同盟会时期起就担任陆军上尉的蒋介石到莫斯科进行了为期几个月的政治和军事培训。蒋介石于1923年底回国后参与了建立位于广州的黄埔军校。1924年,蒋介石成为军校的校长。

1925年3月,孙中山因癌症在北京逝世,却没有交代接替人选。汪精卫在北京安葬孙中山后,在回到广州前,先到汕头与蒋介石会面,希望能与蒋合作,与右派势力竞争。1925年7月1日,广州军政府改组为国民政府,汪精卫当选为国民政府主席,胡汉民为外交部长(当时广州国民政府并非国际承认的合法政府,因此外交部长一职形同空壳)。右派见大势渐去,开始铤而走险,暗杀左派国民党员。1925年9月,财政部长廖仲恺被暗杀。左派趁此机会实施戒严,蒋介石率黄埔军逮捕右派军系的粤军领袖许崇智等人,将粤军编入黄埔军中。至此,左派完全掌握了局势。

北伐战争与宁汉分裂 蒋介石一直都希望能立即进行北伐,然而汪精卫和鲍罗廷认为时机尚未成熟,都反对北伐,这成为了蒋介石逐渐和左派产生裂痕的起因。

1926年3月20日，发生了中山舰事件，蒋介石开除了他的苏联顾问，并严格限制共产党在国民党内部担任高级职务。1926年5月，湖北军阀吴佩孚入侵湖南，当时湖南军阀唐生智敌不过湖北军阀，向广州国民政府求援，成为了蒋介石发起北伐的理由。同年7月11日，国民革命军第四军、第七军和第八军进入长沙；8月2日，占领岳阳；随后攻克汀泗桥、贺胜桥，击溃吴佩孚的主力；9月6日和7日，第八军分别占领汉阳和汉口；10月10日，攻克武昌；在12月中旬，进占了福州；1927年1月消灭了孙传芳部主力。革命的发展，威胁了帝国列强在华利益，他们于1927年3月派军舰参战，制造了中国军民死伤2000余人的"南京惨案"。北伐遇阻。

▲蒋介石组建的南京国民政府。1927年4月，国民党右派胡汉民等人向蒋介石靠拢，在南京建立了一个反共的政府

1927年4月12日，蒋介石下令"清党"，动用军队及地方帮派人士，搜捕并处决共产党员。国民党右派胡汉民等人于是向蒋介石靠拢，在南京建立了一个反共的政府，与武汉的左派政府对峙，称为"宁汉分裂"。在这一时期中国共有三个政府：获得国际承认的位于北京的军阀政府，国民党左派与共产党合作建立的武汉政府，以及国民党右派组成的南京政府。

◀大批革命者被杀害。1927年4月12日，蒋下令"清党"，动用军队及地方帮派人士，搜捕并处决共产党员

孙中山广州患难

1921年，孙中山在广州就任非常大总统。他任命陈炯明为内政总长兼陆军总长、粤军总司令和省长。

广西叛乱平定后，孙中山决定出师北伐，但陈炯明想占据两广、反对北伐。孙中山迫不得已，于1922年4月21日，免去陈炯明的内务总长、粤军总司令、广东省长三项职务。陈炯明不思反悔，继续操纵他的爪牙蓄谋叛变。6月16日深夜，孙中山仍未入眠，查看挂在墙上的北伐进军地图。大约2点左右，孙中山刚刚躺下，寂静的夜空中，便隐隐约约传来一阵阵军号声，还夹杂着稀疏的枪炮声，陈炯明下手了。枪炮声越来越近，子弹不时从总统府上空呼啸而过。大家顾不得许多，七手八脚为他乔装易服，秘书林直勉找来一块白布，裹住孙中山的公文包，强扶孙中山迅速出了总统府。

孙中山后来到了永丰舰上，指挥海军与叛军对抗。患难之时，孙中山想起了蒋介石，而这时，蒋介石正在浙江为他母亲逝世一周年做祭奠。孙中山命人发出急电："事急，盼即来此。"

蒋介石接到电报后，认为乘此机会可以捞到更多的政治资本，决定冒险赴广州。几天后，蒋介石乘快艇登上了永丰舰。

蒋介石登舰后，表现积极，一面坐镇舵楼，指挥作战，一面和水手们一起从事洗刷甲板的劳动，以鼓舞士气。

42天的患难，增加了孙中山对蒋介石的信任，为他以后的发迹奠定了基础。

8月9日，孙中山和蒋介石等离开永丰舰，乘英国"摩汉号"炮舰，由广州赴香港，又转乘"俄罗斯皇后号"邮船到达上海，继续为革命奔走呼号。

孙中山回到上海后，得到了中国共产党和俄国共产党的热心帮助，振作起精神，实现了国共合作，创办了黄埔军校，促进了中国革命的发展。

▼黄埔军校开学典礼。黄埔军校正式创办，孙中山兼军校总理，蒋介石任校长，廖仲恺任党代表

星火可以燎原

共产党建军 由于形势危殆，当时的共产党领导人认为不能再完全依赖国民党左派了，便开始积极在湖南湖北一带农村推动"土地改革"（没收地主土地分给农民）。然而唐生智的部属军官多为湖南地主，因此开始强烈反对共产党。汪精卫迫于形势，在1927年7月15日宣布"分共"，要求加入国民党的共产党员退党，国共第一次合作至此结束。

共产党开始建立自己的武装势力，1927年8月1日，发起了"南昌起义"。原本计划攻入广东，但是没有成功，于是进入了江西的山区。毛泽东在湖南也发起了长沙起义，往东与江西共产党军队会合，建立了"江西苏区"。

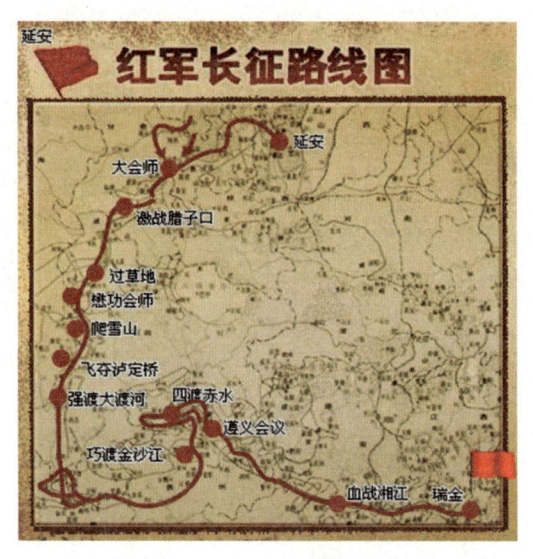

▲红军长征路线图

南昌起义 1927年8月1日，周恩来、贺龙、叶挺、朱德、刘伯承等率领起义军万余人在江西南昌起义。经过5个多小时的激战，全歼守敌1万多人，占领南昌。随后，起义军南下作战，在遭到挫折后，剩下的部队一部分由朱德、陈毅率领转战湘南，一部分转入海陆丰地区。南昌起义是中国共产党独立领导武装斗争，创建人民军队的开始。8月1日，成为中国人民革命军队诞生的光荣节日。它使中国革命进入了第二次国内革命战争时期。

红军反"围剿"和长征 1930年12月中原大战一结束，蒋介石立即将用兵重点转到南方的共产党革命根据地上，连续进行了五次军事"围剿"。红军取得了四次反"围剿"战争的胜利。在第五次反"围剿"战中，由于王明的"左"倾错误路线否定了毛泽东的游击作战原则，采取正面对敌的阵地战，导致失败。1934年秋，红军被迫进行二万五千里长征。

1935年1月中共中央政治局扩大会议在遵义召开，会上重新确定了毛泽东的作战原则，增选毛泽东为政治局常委，并由毛泽东、周恩来、王稼祥组成三人军事指挥小组，负责全军军事行动。

1936年10月，红四、二方面各军分别到达甘肃省的会宁、静宁地区，先后同南下策应的红一方面军会师。12月7日，组成了统一的中共中央革命军事委员会，毛泽东任主席，周恩来、张国焘任副主席。三大主力红军在西北的大会师标志着红军长征胜利结束。

第四章
全民族的抗日战争

1931年日本帝国主义发动九一八事变，中华民族面临严重的民族危机，全国抗日救亡运动不断高涨。1937年日本帝国主义发动七七事变，中华民族全面抗战从此开始。中国人民经过八年浴血奋战，终于第一次取得了近代以来反侵略战争的彻底胜利。

本章内容：

日本武装侵华

抗日战争胜利

日本武装侵华

济南惨案 日本自1894年甲午战争后，成为中国最凶恶的外敌。其一直坚持推行征服中国的"大陆政策"，即先侵朝鲜、后占东北、进而吞并整个中国大陆。中华民国成立后，日本侵华行径有增无减。正当国民革命军北伐之际，日本怕中国统一会妨碍其侵略计划，便于1928年5月制造了"济南惨案"，日军在济南城内奸淫掳掠，屠杀中国军民5000多人。

九一八事变 1931年9月18日，日军自行炸毁南满铁路的一段路轨，却诬陷是中国驻军所为，并以此为借口向沈阳进攻，这就是九一八事变。当时国民政府正全力对付共产党，不愿轻启外争，日军便在几乎没有抵抗的情形下，轻易侵占了辽宁、吉林、黑龙江等东北三省。

▲日军以沈阳为目标进行攻城演习，说明日军一直都在预谋发动侵华战争

九一八事变后，全国人民义愤填膺，各大城市普遍展开反日运动。日本乘机扩大军事侵略，于1932年1月28日突袭上海的国民党军，炮轰吴淞要塞。中国守军十九路军奋起抵抗，日本一再增兵，仍无法取胜。后来由英、美、法出面调停，中日双方才签订停战协定，是为"一·二八事变"。

伪满洲国 1931年底，原日军陆军大臣南次郎与关东司令本庄繁等在我国东北密商，确定了迎接清朝下台皇帝溥仪至东北，成立伪满洲国的方案。不久之后，溥仪被日本人护送到天津，1932年3月1日，伪满洲国在日本的扶持下成立，溥仪被推上皇帝的位子。中国政府否认伪满洲国的独立，向日本提出强烈抗议。1933年2月24日，国际联盟大会通过报告指出，中国的东北三省属于中国，日本违反了国际联盟的盟约，占领了中国领土并使之独立。日本大为不满，宣布退出国际联盟。

一二九运动 华北事变后，民族危机空前严重。中国共产党发出停止内战、一致抗日的号召，推动了全国抗日救亡运动的高涨。处在国防最前线的北平学生，痛切感到"华北之大，已经安放不得一张平静的书桌了"。12月9日，寒风凛冽，滴水成冰。在黄敬、姚依林、郭明秋等共产党员的组织和指挥下，参加抗日救国请愿游行的爱国学生涌上街头。警察当局下达戒严令，在一些街道要冲设了岗哨。清华大学、燕京大学等城外学生被军警阻拦，在西直门同军警发生冲突。上午10时许，城内一两千名学生冲破军警的阻拦，汇集到新华门前。他们高呼"停止内战，一致对外！""打倒日本帝国主义！""反对华北五省自治！""收复东北失地！""打倒汉奸卖国贼！""武装保卫华北！"等口号，表达了全国人民抗日救国的呼声。学生们与军警展开英勇的搏斗，有百余人受伤。游行队伍被打散。12月10日，北平各大中学校发表联合宣言，宣布自即日起举行总罢课。从12月11日开始，天津、保定、太原、上海、杭州、武汉、广州、成都、重庆等大中城市先后爆发学生的爱国集会和示威游行，许多大中学校及工会等组织，纷纷给北平学生发来函电，支持北平学生的爱国行动。12月16日清晨，北平各校学生分为4个大队，分别由东北大学、中国大学、北京大学和清华大学率领，举行声势浩大的示威游行。参加的学生总计1万余人。他们高举校旗，打着"反对华北特殊化！""反对成立冀察政务委员会！"等横幅，向天桥进发。上午11时左右，汇集到天桥广场上的学生和市民举行大会。会后，游行队伍奔向冀察政务委员会预定成立的地点——东交民巷口的外交大楼举行总示威。队伍走到前门，遭到大批警察和保安队的拦截。经学生代表反复交涉，军警才让游行队伍分批分别由前门和宣武门进入内城。在宣武门，爱国学生遭到上千名军警的血腥镇压，有二三十人被捕，近400人受伤。北平学生的抗日救国示威游行沉重地打击了国民党政府的卖国活动，迫使冀察政务委员会不得不延期成立。一二九运动得到全国人民的支持和响应。一二九运动广泛地宣传了中国共产党停止内战、一致对外的抗日主张，掀起了全国抗日救国运动的新高潮。

西安事变及国共第二次合作

日本军国主义者对中国的步步进逼，使中华民族面临空前危机。中共在长征途中，曾向全国发表宣言，要求停止内战，团结抗日。但国民政府仍坚持"先安内后攘外"的政策，集中全力对付共产党。

1936年12月12日，在陕北一带负责围攻红军的东北军将领张学良、西北军将领杨虎城，因不满政府的政策，遂趁蒋介石到西安巡视之时，把他软禁起来，实行所谓"兵谏"。后经各方调停，蒋介石才获得释放，史称"西安事变"。

"西安事变"期间，中共曾派周恩来到西安与蒋介石谈判。后中共表示愿意服从国民政府的指挥，国民政府也答应停止反共。到了1937年7月7日抗战爆发，在共赴国难的前提下，国、共两党终于实现了第二次的合作。9月22日，国民政府公布共产党提出的《共赴国难宣言》，承认中共的合法地位，中共则放弃武装暴动、土地革命等政策，取消"苏维埃政府"，红军分别被改编为国民革命军第八路军和新编第四军，名义上受国民政府节制。

▼张学良和杨虎城

"七·七事变"

日本长期以来一直把侵华作为既定的国策，以及称霸世界的一个首要环节。初时，日本采取逐步蚕食的政策，先占东北，继而侵占华北，并想利用国共内战之机占领中国。1935年10月，日本外相广田弘毅就曾向中国政府提出所谓"对华三原则"，其中之一即"中日共商防止赤化有效办法"。1936年12月西安事变发生后，日本见国、共两党合作在即，深恐拖延时间对其不利，急于灭亡整个中国，悍然发动全面侵华战争。

1937年7月7日子夜11时许，日本故意在北平近郊卢沟桥一带演习，借口一名士兵失踪，要入宛平城内搜查，被中国守军拒绝。日本遂袭击宛平县城，驻防卢沟桥的中国军队吉星文团奋起反击。史称"卢沟桥事变"或"七·七事变"。1937年7月7日的"卢沟桥事变"是抗日战争全面爆发的导火线。

抗日战争胜利

▲台儿庄血战战场，1938年3月，我国军民与日寇在山东台儿庄一带展开了激烈的战斗

全面抗战爆发 "卢沟桥事变"发生后，日军大举侵占华北重地。在中华民族生死存亡的紧要关头，蒋介石在1937年7月17日在庐山发表谈话，表示"与敌抗战到底"。8月12日，国民政府设立国防最高委员会，推蒋介石为陆海空军大元帅。8月14日，国民政府又发表了《自卫抗战声明书》。但国民政府在日本袭击珍珠港后，才于1941年12月9日随美、英等正式对日宣战，此时中国的全面抗日战争已进行了超过四年的时间。

"七•七事变"一爆发，日本宣称可以在三个月内灭亡中国，迅速攻陷天津、北平，然后大举进犯上海，当地驻军血战三个多月后撤守，但日本"三月亡华"的狂想也告破灭。不久国民政府自南京迁都至重庆。中国军民曾取得台儿庄大捷，歼灭日军一万余人。但日本进攻的锐势一时难以阻挡。到武汉失守，中国半壁河山尽陷敌手。

此后战争渐渐进入相持阶段。国民党军队把主力退入中南、西南的山岳地带，日本机械化兵团因而失去了平原作战之利。同时，华中、华北出现不少抗日游击队，不断袭击日军后方，终令日本的攻势停止下来。不久，日本诱使国民党元老汪精卫在南京另组伪政府，以统治沦陷区；又极力在外交上孤立中国，对华实行全面的经济封锁。但中国军队与人民仍万众一心，坚持艰苦卓绝的抗日战争。

南京大屠杀 日寇攻下南京城后，对城内手无寸铁的中国居民进行血腥屠杀，共杀害我同胞30多万人，制造了惨绝人寰的"南京大屠杀"，激起了全世界人民的愤慨。

百团大战 1940年，八路军从8月20日起，在华北敌后出动105个团，约40万兵力，在2500公里长的战线上，发动了规模最大的"以

▼刘伯承，辛亥革命时期从军，参加了反对北洋军阀的护国、护法战争，1926年加入中国共产党。在抗日战争和解放战争中，担任我军高级将领，1955年被授予元帅军衔

彻底破坏正太路若干要隘，消灭部分敌人……截断该线交通"为目的的举世闻名的"百团大战"。

在历时三个半月的"百团大战"中，我军共进行大小战斗1824次，毙伤日伪军25800余人，俘日伪军18600余人，缴获了大批武器、弹药和军用食品等；破坏铁路470多公里，公路1500多公里，桥梁、车站、隧道等260余处，使正太铁路停运月余；攻克日伪据点2993个，巩固和扩大了抗日军民占领区。

"百团大战"的胜利沉重地打击了敌人，粉碎了日军的"囚笼政策"，拖住了敌军进攻西北、西南的后腿，配合了正面战场上的友军作战，遏止了投降妥协的逆流，挽救了时局危机，极大地振奋了全国军民的斗志，坚定了全国军民抗战到底、抗战必胜的信心，成为我国抗战史中最光辉的篇章。

抗战胜利 中国的抗日战争是第二次世界大战的一个重要组成部分。在大战期间，日、德、意缔结军事同盟，号称"轴心国"，四处侵略，与世界人民为敌。1941年12月，日本出兵偷袭美国珍珠港，

▲彭德怀亲临"百团大战"前线。彭德怀（1898—1974年），原名得华，湖南湘潭人。无产阶级革命家、军事家，中国人民解放军的重要领导人之一

台儿庄战役

日本侵略军1937年12月13日和27日相继占领南京、济南后，为了迅速实现灭亡中国的侵略计划，连贯南北战场，决定以南京、济南为基地，从南北两端沿津浦铁路夹击徐州。

台儿庄是徐州的门户，它位于徐州东北30公里的大运河北岸，临城至赵墩的铁路支线上，北连津浦路，南接陇海线，扼守运河的咽喉，是日军夹击徐州的首争之地。

台儿庄战役是中国军队取得的一次重大胜利。在历时半个月的激战中，中国军队付出了巨大牺牲，参战部队4.6万人，伤亡失踪7500人。在中国军队的英勇抗击下，取得了歼灭日军一万余人的巨大胜利。此次战役沉重地打击了日本侵略者的嚣张气焰，鼓舞了全国军民坚持抗战的斗志。

▲中国陆军总司令何应钦接受日本侵华军总参谋长小林浅三郎递交的投降书

挑起太平洋战争。此后,中国随英、美等盟国与轴心国作战,开始获得一些军援,令抗日局势有所好转。1945年8月,美国先后在日本的广岛、长崎投掷原子弹;苏联亦乘机派兵进入中国东北,击溃日本的关东军。日本见大势已去,于8月15日宣布无条件投降。中国的抗日战争在中国人民付出极沉重的代价后,终于获得了最后胜利。据一些学者估计,自1931年九一八事变至1945年抗战胜利,中国人民因日本侵略死伤总计约3100万人。

抗战及其胜利不但使中国收复原来被日本占领的台湾、澎湖列岛等地,而且废除了列强近百年来和中国签订的绝大部分不平等条约。此外,中国在抗战期间多次参与了国际会议,与同盟国共商世界和平大计。至1945年10月联合国成立,中国与美、英、苏、法同为安全理事会的常任理事国,拥有否决权,国际地位大大提高。

◀在抗日战争中,日寇向八路军缴械投降

第五章
中国新民主义革命的伟大胜利

抗日战争胜利后,中国面临着两种命运、两个前途的抉择。中国共产党为争取和平民主做出了很大努力,但是国民党政府在美帝国主义支持下悍然发动内战。中国共产党领导人民进行了三年多的解放战争,推翻了国民党在中国大陆的统治,取得了新民主主义革命的伟大胜利。

本章内容:

重庆谈判

解放战争

重庆谈判

重庆谈判 日本投降后的军事形势对国民党是非常不利的。在这种形势之下，蒋介石依靠美国的援助，力图恢复其优势，便戴起"和平"的假面具，在1945年8月14日、20日、23日，一连三次电邀毛泽东到重庆举行和平谈判，"共同商讨国家大计"。中国共产党为了尽一切可能争取和平，8月28日，毛泽东在周恩来、王若飞陪同下飞抵重庆，受到各界人民的热烈欢迎。毛泽东在机场发表书面谈话指出："目前最迫切者，为保证国内和平，实施民主政治，巩固国内团结。国内政治上、军事上所存在的各项迫切问题，应在和平、民主、团结的基础上加以合理地解决，以期实现全国之统一，建立独立、自由与富强的新中国。希望中国一切抗日政党及爱国人士团结起来，为实现上述任务而共同奋斗。"在重庆期间，毛泽东、周恩来等会见了民主党派的负责人张澜、沈钧儒、黄炎培等和各界民主人士，以及宋庆龄、冯玉祥等人，向他们说明了中国共产党的主张。

▲毛泽东赴重庆谈判时向送别人群挥手告别

"双十协定" 经过43天的谈判，10月10日，两党于1945年10月10日签订了《国共代表会谈纪要》，史称"双十协定"。

根据协议内容，双方同意避免内战，通过和平协商，建设独立、自由和富强的新中国；同意实现政治民主化，各党派平等合法，尽快结束训政，召开政治协商会议，以讨论和平建国方案和召开国民大会诸项事宜；整编全国军队，以谋求军令统一，并同意组织三人小组筹划。

◀重庆谈判宴席。在国共谈判期间，9月12日，蒋介石在官邸约见毛泽东、周恩来共进午餐，商谈整编军队事宜

解放战争

中共中央转战陕北 1946年6月26日，国民党撕毁停战协议和政协决议，发动了全面内战。我军遵照党中央关于"以自卫战争粉碎蒋介石的进攻"的指示，经过8个月的战斗，共歼敌66个旅，计71万人。1947年2月中旬，蒋介石把胡宗南召到南京，又于2月28日偕空军副司令王叔铭飞抵西安，策划进犯延安和陕甘宁边区的军事部署。

胡宗南进攻延安时，敌军24万左右，胡宗南的部队是蒋介石的嫡系部队，装备精良，有一定的战斗力。解放军在陕甘宁边区的部队仅有6个野战旅，共2.6万余人和3个地方旅，而且装备极差，平均每支步枪不及30粒子弹。

党中央和毛泽东同志决定，暂时放弃延安，坚壁清野，运用"蘑菇"战术，把敌人拖在陕北，消灭在陕北，支援我军其他战场作战。

自撤离延安至收复延安的近400天中，解放军共歼敌10万，其中生俘6万余人，俘虏和击毙敌将级军官26人。

刘邓大军挺进大别山 全国性战略进攻的中心目标是夺取中原地区，挺进大别山。晋冀鲁豫解放军主力12万人，在刘伯承、邓小平指挥下，于1947年6月30日夜，从山东东阿至南濮县约150公里地段渡过了黄河。8月23日，解放军以无比的英勇杀出一条血路，用木板、高粱秆等作渡河工具。刘伯承不顾炮火，亲临先头部队指挥所，终于打破了蒋军的堵截，胜利渡过了汝河。26日，渡过淮河。27日，进入大别山区。进到大别山区以后，迅速实施战略展开，分兵发动群众，集中主力打运动战。至10月底，歼敌3万人，建立了33个县的人民政权，开辟了鄂豫皖解放区，完全恢复并扩大了中原解放区，像一把利剑插入了敌人心脏。

辽沈、淮海、平津三大战役 1948年9月12日，辽沈战役打响。根据中

▼解放军炮兵部队，表明了解放战争中我军的部队在逐步壮大

共中央军委的命令,林彪、罗荣桓指挥东北解放军主力先后攻克锦州、长春、沈阳,并进占东北全境。国民党军队的东北剿共总司令卫立煌败逃,副司令范汉杰被俘,副司令郑洞国投降。辽沈战役历时52天,共歼敌47.2万人,完全解放了东北。这一战役的胜利使国民党军队人数下降为290万,我军增加到300万人。

1948年11月—1949年1月,解放军刘伯承、邓小平及陈毅所部包围徐淮地区,与国民党军队展开另一次大会战。国民党军队大败,损失55.5万人,徐州剿共副总司令杜聿明、兵团司令黄维被俘,兵团司令黄伯韬、邱清泉或自杀或战死。史称"淮海战役"。

1948年11月—1949年1月,解放军之东北部队会同聂荣臻、贺龙等部,合围华北之北平、天津、张家口地区。1949年1月15日,天津被攻下,国民党军队守将被俘。华北剿共总司令傅作义率所部20多万人起义,接受解放军和平改编,解放军于1月31日进入北平。

▲刘邓大军挺进大别山

▲1949年1月10日,淮海战役胜利结束。图为人民解放军俘虏的敌军和缴获的战利品

三大战役后,国民党军队精锐尽失,已难挽回彻底失败的命运。

解放军渡江及国民党逃往台湾

由于国民党军队迭遭惨败,蒋介石于1949年元旦向共产党提出和平谈判,旋即引退,由李宗仁代理总统。4月,张治中率国民党代表到北平进行和谈。共产党提出惩罚战犯等要求,国民党政府拒绝签署和平协定,和谈遂告破裂。

1949年4月21日,解放军约一百万大军渡过长江,于4月23日占领国民政府首都南京。接着,于5月27日攻占上海。同时彭德怀部队向西北进军,解放军其他主力则分别南下,向华东、华南、西南各地进发。

1949年10月1日,中华人民共和国在北京(原北平)宣告成立。至年底,国民党军队在全国节节败退,国民党"政府"于12月7日逃往台湾。

◀开国大典。1949年10月1日,北京30万军民在天安门参加开国大典

第六章
近现代民族工业与社会生活的变化

中国民族资本主义的产生和发展,是中国近代史的基本内容之一,民族资本主义作为中国社会崭新的进步的生产方式,在"一战"时期进一步发展,为中国民主革命提供了物质基础;民族资本主义发展使无产阶级壮大,为中国由旧民主主义革命向新民主主义革命转变和工人阶级政党的建立,提供了阶级基础;在工业革命后,火车、轮船相继传入中国,第二次工业革命后,有线电报、电话,以及照相和电影也传入中国,新闻报纸、出版事业在中国的出现,以及辛亥革命后中国社会习俗的变化都使得近代的社会生活发生了明显的改变。

本章内容:

近代民族工业

社会生活的变化

近代民族工业

辛亥革命刺激民族工业的发展 作为资产阶级政治代表的革命党人,孙中山把革命胜利后发展民族工业作为强国之道。他在当选临时大总统前夕,强调首先要致力民生主义。南京临时政府成立后,特设实业部,并令各省设实业公司,以发展农、工、商、矿各业,作为"富国裕民之计"。临时政府制定并颁行了一系列保护工商业发展的章程、则例。对有利于国计民生的工矿企业,一经申请,无不一一批准立案。遇有侵夺工商私产、破坏营业者,即令有关部门清查妥为解决。还提倡垦殖事业,垦辟荒地者予以五年不纳税的优待。黄兴还亲自领头组织拓殖协会,规划开发西北资源,孙中山即令财政部在国家预算中拨款30万元予以扶助。这些政策措施对发展资本主义民族工商业起了明显的促进作用。

第一次世界大战期间中国进口减少 帝国主义对中国的商品输出和倾销是中国民族资本主义工业发展的严重阻碍,这种障碍在第一次世界大战期间大为减弱。据海关统计,1914—1918年,我国进口货价值均较大战前减少,其中1915年竟比1913年减少20.3%。再加上出口每年比1913年增加14.8%到20.5%,故历来贸易逆差严重的情况获得很大改善,由每年两亿多两白银减至年约三千万两,1919年更减至1600多万两。

荣宗敬、荣德生兄弟 荣宗敬(1873—1938年)、荣德生(1875—1952年),江苏无锡人,中国近代著名实业家。兄弟二人从十几岁起,就在上海学徒。1896年,随其父与人合资开办钱庄,开始了经营生涯。1902年,创办无锡保兴面粉厂,后改名茂新,德生任经理,宗敬在上海任批发经理。1907年在无锡创办振新纱厂。1912年,兄弟合资在上海创办福新面粉厂。第一次世界大战期间,面粉紧俏,荣氏兄弟获得厚利,把面粉厂扩大到六家。1915年,荣氏兄弟又投资创办了中新纱厂,不久扩展为两个纱厂。经过不断扩充,到1922年,荣氏家

◀机车。这种机车是在20世纪初期由俄国人设计,在中国监督制造

族拥有面粉厂12家，产量占全国民族面粉企业的三分之一左右，被称为"面粉大王"，其拥有的纱厂也达4个。荣氏家族成为当时中国有名的民族资本家。

民国初年工商业的发展

民国初年出现了一个兴办实业的热潮。民族资本主义有了短暂的发展。在1895年以后曾出现过的兴办实业的热潮中，1895—1911年，16年间投资总额为1.1亿元。民国成立以后，1912—1919年，7年时间，投资额已近1.4亿元。从新注册的公司数量看，1903—1908年，商部注册的为265家。而1912—1919年，注册的已达到600家。这些数字足以说明资本主义企业的发展程度。1914年，全国商会联合会在上海召开第一次大会，与会者超过180人，代表22个省的商业资产阶级，他们提出122项议案，俨然是一种议会会议，这标志着资产阶级在经济上已步入成熟。民国成立时的1912年，有商会794所，入会19.66万人。到1915年，商会增至1211所，入会已达23.85万人。

▲1912年，荣宗敬、荣德生兄弟在上海创办的福新面粉公司

▼19世纪70年代起，中国近代工业开始出现，图为开平矿务局矿井

社会生活的变化

报纸 《申报》是近代中国历史最久的报纸。1872年4月30日,由英国商人美查等在上海创刊。初期隔日出版一张,四个月后改为日报。1909年为席裕福购进,1912年转让给史量才,次年由史量才接办。九一八事变和一·二八事变后,报纸内容反映抗日救亡要求,并出《自由谈》副刊,发表进步言论。

交通 进入20世纪以后,租界当局在上海大规模兴办公共交通业。这一方面是出于繁荣租界经济的考虑;另一方面则是因为工商业日益发展,人口迅速增加,城市活动的节奏明显加快,当时的江北小车、人力车、马车等交通工具,运载量小,行驶速度慢,已不能完全满足社会需要。而且,开办公交客运可获厚利。于是,电车和汽车应运而生。

1908年,英商上海电车公司在上海开出第一辆有轨电车,成为上海现代化、社会化、大众化交通的开始。当年,公共租界开辟了8条线路,法租界开辟了3条线路。这些线路总长59公里,初步形成了大容量公共客运干线运输网的框架。电车作为城市大众客运工具在上海的出现,使城市客运面貌发生了深刻的变化,并加快了城市近代化客运的发展。1914年11月,上海第一条无轨电车线路在公共租界内通车,它离上海第一条有轨电车线路的开辟相隔了6年。就在电车通车的同年,环球供应公司在市内开始经营出租汽车,车能载客5人,按小时计费。这是中国首家经营出租汽车的公司。1913年8月,华界首条电车线路通车。1922年8月,上海出现了第一条公共汽车营运路线,它是由华商董杏生的公利汽车公司开设的;其时,英商、法商经营的公共汽车线路也相继开通。

电影 被现代人称为"第七艺术"的电影在民国时期也有长足的发展。当时,电影业和电影公司开始在中国出现,其中较具影响力的是成立于上海的明星影片公司,从1922—1937年共拍影片200余部,培养了一大批电影人才,为中国民族电影业的兴起、发展作出了积极贡献。如1937年上映由周璇、赵丹等主演的《马路天使》,逼真地反映了20世纪30年代上海的社会状况。而有"金嗓子"之称的歌后周璇可说是这个时期的歌影坛巨星。她主唱的歌曲如《天涯歌女》《夜上海》等,至今仍久唱不衰。

◀"金嗓子"周璇,是20世纪40年代的当红影星

第七章
近现代的科学技术与思想文化

中华民国建立后,内忧外患不断,但科技文化方面却有很大的发展,特别是文学艺术方面成就卓越。

本章内容:

近代科技成果

哲学思想的发展

艺术的发展

文学的发展

近现代科技成果

由于封建社会的漫长统治,压制了中国人的创新思维。中国缺乏产生、发展科学技术的动力,人们的思想保守落后,在近代又由于国家贫穷,没有财力发展科技,使得科学技术发展很慢,尽管如此,这一时期还是产生了很多颇有建树的科学家。

铁路工程师詹天佑　1888年,詹天佑被任为唐津铁路的工程师,开始献身中国的铁路事业。1905年,清政府修建京张铁路,任命詹天佑为总工程师。他出色地完成了京张铁路的修建工程,粉碎了侵略者散布的中国工程师不能修成此铁路的谬论,大长了中国人的志气。1910年,他回到广东,任粤路总理。1912年5月,他任汉粤川铁路会办。直到1919年逝世,他一直在为修建汉粤川铁路而努力。

飞机设计师冯如　冯如,广东恩平人。生于一个贫农家庭。12岁随父漂洋过海到美国谋生。他目睹美国先进工业,认为国家富强必须依靠工业的发达。于是,他白天当勤杂工,晚上读机械学,苦心钻研数年,精通36种机械原理,发明了抽水机、打桩机,制成了性能优良的无线电收发报机。1903年,当得知莱特兄弟发明了飞机后,冯如决心要依靠中国人的力量来制造飞机。他得到当地华侨的赞助,于1907年在旧金山设立飞机制造厂,开始制造飞机。1911年,冯如带着助手及两架飞机回到中国。辛亥革命后,冯如被广东革命军政府委任为飞行队长。1912年8月,冯如在飞行表演中不幸失事牺牲,被追授为陆军少将,遗体安葬在黄花岗,并立碑纪念,被尊为"中国首创飞行大家"。

数学家李善兰　李善兰,浙江海宁人。他自幼喜好数学,后来得到元代著名数学家李冶著的《测圆海镜》,据以钻研,造诣日深。道光间,陆续撰成《四元解》、《麟德术解》、《弧矢启秘》、《万圆阐幽》及《对数探源》等,声名大起。咸丰初,旅居上海,在上海墨海书馆与英国汉学家伟烈亚力合译欧几里得《几何原本》后9卷,完成明末徐光启、利玛窦未竟之业。又与伟烈亚力、艾约瑟等合译《代微积拾级》《重学》《谈天》等多种西方数学及自然科学书籍。1868年起任北京同文馆天文算学总教习,直至逝世。主要著作都汇集在《则古昔斋算学》内,其中对尖锥求积术的探讨,已初具积分思想,对三角函数与对数的幂级数展开式、高阶等差级数求和等题解的研究,皆达到中国传统数学的很高水平。

◀京张铁路通车典礼,京张铁路于1909年10月2日开通

哲学思想的发展

魏源 魏源,字默深,湖南邵阳人,道光进士。清代著名思想家。他于嘉庆末年曾在京向刘逢禄学习公羊学,后与龚自珍齐名,为经世致用之学的代表人物,时人并称龚魏。1825—1826年,他受江苏布政使贺长龄之聘,编辑《皇朝经世文编》,并参与筹议漕粮、水利等工作。以后,他任内阁中书,广泛阅读各种典籍文献,较多地了解社会实际。鸦片战争时,他在两江总督裕谦幕府,参与浙东抗英战役,痛愤时事,著《圣武记》。他又依据林则徐的嘱托,对照历代史志将林则徐所编西方史地资料《四洲志》增补为《海国图志》。在这部书中,魏源主张"师夷长技以制夷",明确提出向西方学习。他建议制造枪炮轮船和其他"有益民用"的机器工业产品,加强海防,抵抗外国侵略,要求改革漕运减轻赋税,兼顾商人利益。他的思想对近代维新变法思想有一定的影响。1853年太平军进攻江南,逼近扬州时,魏源组织地主武装进行对抗。1857年,他病卒于杭州。魏源除上述著作外,还著有《古微堂集》《元史新编》《老子本义》《诗古微》《书古微》等。

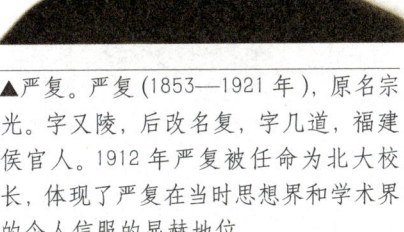

▲严复。严复(1853—1921年),原名宗光,字又陵,后改名复,字几道,福建侯官人。1912年严复被任命为北大校长,体现了严复在当时思想界和学术界的令人信服的显赫地位

《天演论》 《天演论》是清代严复译自英国赫胥黎所著的《进化论与伦理学》一书。"天演"即进化之意,"天演论"即进化论。严复不赞成把自然规律(进化论)与人类关系(伦理学)加以分割,译述时只取前面"进化论"(即天演论)命书名。但书中只包括赫胥黎原著中"序论"与"本论"两篇。甲午战后,严复开始译此书,1898年正式出版,为中国近代较早的一本直接介绍西方资产阶级理论著作的书。严复译《天演论》的特点不在于简单地转述赫胥黎原著,而是创造性地"取便发挥",以求服务于当时中国社会的需要。书中"物竞天择,适者生存"的理论对打击封建势力、宣传变法维新起过积极作用。

▲魏源,晚清思想家、史学家

艺术的发展

聂耳 聂耳,中国作曲家。云南玉溪人。出身清寒,自幼爱好音乐,能奏多种民族乐器。中学时即秘密加入共青团。1930年到上海,1933年加入中国共产党,积极参加了左翼音乐、戏剧、电影等活动。1935年准备取道日本赴苏联,7月17日在日本鹄沼海滨游泳时,不幸溺水逝世。创作歌曲有《义勇军进行曲》等30余首,集中表现中国人民抗日救国的坚强意志和工农群众的苦难与反抗,是我国无产阶级音乐的先驱。其作品及著述已辑成《聂耳全集》(两卷)出版。

《义勇军进行曲》 田汉词,聂耳曲。原为影片《风云儿女》主题歌。作于1935年4月。同年5月,百代公司录制了由袁牧之等人演唱的唱片,广泛传唱。乐曲富于动力,象征中华民族不屈不挠的战斗精神,曾长时间地激励中国人民争取民族解放的斗志,新中国成立时被定为国歌。

作曲家冼星海 冼星海(1905—1945年),广东番禺人。因家贫先后半工半读毕业于上海国立音乐学院和法国巴黎音乐学院。1935年毅然回国参加抗日救亡运动。1938年赴延安,翌年任鲁迅艺术学院音乐系主任并加入中国共产党。1940年赴苏联为在延安拍摄的影片《延安与八路军》配乐,1945年病逝于莫斯科。作品有《黄河大合唱》等合唱四部,歌曲《到敌人后方去》等约五百首,交响曲《民族解放》等两部及管弦乐《中国狂想曲》等。他继聂耳之后,以更广泛的题材、体裁,更丰富的艺术手法表现中国人民的解放斗争,对全国军民的抗日战争起了很大的鼓舞作用。

画家徐悲鸿 徐悲鸿(1895—1953年)中国画家、美术教育家。江苏宜兴人。少时即刻苦学画,后留学法国。曾携中国近代绘画作品赴法、德、比、意、苏诸国展览。抗战时期屡以己作在国外义展义卖,并参加国内民主运动。长期从事美术教育,中华人民共和国成立后任中央美术学院院长,全国美协主席。在绘画创作上,提倡"尽精微,致广大";对中国画主张"古法佳者守之,垂绝者继之,不佳者改之,未足者增之,西方绘画可采入者融之。"

▲聂耳像。聂耳(1912—1935年)原名聂守信,字子义,一作紫艺。笔名曾用过黑天使、噪森、浣玉、王达平等。云南玉溪人,生于昆明。自幼喜爱花灯、滇剧等民间音乐,会演奏多种民间乐器。

◀冼星海像。冼星海,中国近现代著名音乐家

文学的发展

在新文化运动的潮流下，中国的文学有革命性的发展，各种新文体都纷纷出现。在诗歌方面，中国出现了第一批白话诗，胡适出版了第一部白话新诗集《尝试集》，浪漫主义诗人郭沫若发表了诗歌《女神》，诗人李季发表了诗歌《王贵与李香香》。而最能反映社会现实、引起读者共鸣、产生改良社会作用的文学体裁，莫过于小说。这一期间的小说大放异彩。鲁迅的《狂人日记》《祝福》《阿Q正传》等，在社会上曾引发过很强的震撼。特别是《阿Q正传》揭示国人的劣根性，使"阿Q精神"这种精神胜利法广为人知。至于其他的小说家和作品如巴金的《家》《春》《秋》，茅盾的《子夜》及老舍的《骆驼祥子》等等，都是脍炙人口的名作。这一时期小说从内容到形式都在文学革命的浪潮中获得巨大的突破。

散文方面，由于新文学提倡"我手写我口"的白话文，故白话散文创作大为发达。著名的散文家如朱自清、冰心、叶圣陶等，都是独当一面的散文大师，其优秀的文章也成为文学革命的利器。这一时期的散文承担着思想启蒙、文学革命的历史巨任，其思想成就超过了文学本身，具有社会学的意义。这一时期的散文在中国现代文学史上具有划时代的意义，这一时期的先进知识分子通过散文表达出自己的文学思想。

至于戏剧，在这一时期亦散发光芒。如曹禺的《雷雨》《日出》等，是中国现代剧作的经典。在解放区，戏剧反映了被压迫农民的解放、妇女的解放、破除迷信等新思想，《兄妹开荒》《夫妻识字》得到了广大工农兵群众的欢迎。

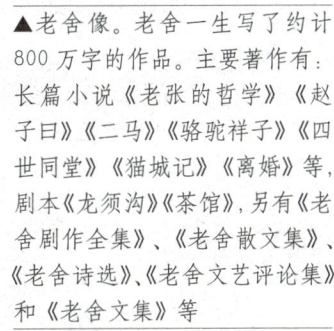

▲老舍像。老舍一生写了约计800万字的作品。主要著作有：长篇小说《老张的哲学》《赵子曰》《二马》《骆驼祥子》《四世同堂》《猫城记》《离婚》等，剧本《龙须沟》《茶馆》，另有《老舍剧作全集》、《老舍散文集》、《老舍诗选》、《老舍文艺评论集》和《老舍文集》等

▲鲁迅塑像。鲁迅，原名周树人，字豫才，浙江绍兴人。中国近代伟大的文学家、思想家、革命家

第三编
中国当代史

第一章
中华人民共和国的诞生

1949年10月1日,中华人民共和国中央人民政府成立。新中国成立初期,我国进行了抗美援朝和土地改革运动等,巩固了人民民主专政的国家政权,迅速恢复了国民经济。

本章内容:

建立新中国

巩固新政权

建立新中国

新中国的诞生 1949年10月1日,中国人民辉煌的日子到来了。下午2时,中南海内开始举行中央人民政府委员会第一次会议,正、副主席宣布就职。选举林伯渠为秘书长;任命周恩来为政务院(国务院)总理兼外交部长;毛泽东主席兼中央人民政府军事委员会主席;朱德兼人民解放军总司令;沈钧儒为最高人民法院院长;罗荣桓为最高人民检察署检察长。

下午3时,毛泽东和中央主要领导同志沿着城西侧的古砖梯道,最先登上了天安门城楼。天安门广场上聚集了30万军民,欢声雷动。

林伯渠宣布大典开始。毛泽东庄严宣布:"中华人民共和国中央人民政府今天成立了!中国人民从此站起来了!"这个庄严的声音通过电波传到全国,传到了世界各地,无数的中国人为之欢呼雀跃。在国歌《义勇军进行曲》的乐曲声中,毛泽东亲自按下天安门广场中央国旗杆的电钮,五星红旗迎风冉冉升起。54门礼炮齐放28响,如报春惊雷回荡在天地之间。

升旗之后,毛泽东主席宣读了中华人民共和国中央人民政府公告,宣告国民党反动政府已被推翻,中央人民政府是代表中华人民共和国全国人民的唯一合法政府。公告宣读完毕,林伯渠秘书长宣布阅兵开始。

阅兵司令员朱德身着戎装,走下了天安门城楼,乘敞篷汽车通过了金水桥。

在《三大纪律八项注意》《军队老百姓》等军乐乐曲声中,朱总司令由聂荣臻总指挥同车陪同,检阅了三军部队。接着,朱总司令重登天安门城楼,宣读《中国人民解放

▼中华人民共和国开国大典在北京天安门广场隆重举行

军总部命令》，号召人民解放军乘胜肃清国民党反动军队的残余，解放一切未解放的国土，同时肃清土匪和其他一切反革命匪徒。检阅式和分列式历经两个多小时，出动了官兵16000多名，数十门大炮，数十辆坦克和十七架飞机。

阅兵式后，欢腾的群众游行队伍通过天安门前，向新的中央人民政府领导人致意，向高高的五星红旗致意。"毛主席万岁"的口号声响彻云霄。

主席台上精神抖擞的毛泽东也频频向群众挥手致意，回答道："人民万岁！"广场顿时成了沸腾的海洋。

▲朱德检阅中国人民解放军陆、海、空三军部队

西藏和平解放

1949年，中国人民解放战争取得了决定性胜利，中华人民共和国成立。中央人民政府根据西藏的历史和现实情况，决定采取和平解放的方针。中华人民共和国成立后，中央人民政府多次通知西藏地方政府派代表来北京商谈和平解放西藏事宜。1950年1月，中央政府正式通知西藏地方当局"派出代表到北京谈判西藏和平解放"。当时控制西藏地方政府的摄政大扎·阿旺松饶等人，在某些外国势力的支持下，在西藏东部昌都一线调集藏军主力，布兵设防，企图以武力对抗。中央政府于1950年10月命令人民解放军渡过金沙江，解放了昌都。

昌都解放后，中央政府再次敦促西藏地方政府派代表来北京谈判。以阿沛·阿旺晋美为代表的爱国上层人士力主和谈，提前亲政的十四世达赖喇嘛接受了进行和平谈判的意见。1951年4月，西藏地方噶厦政府派阿沛·阿旺晋美为首席代表到北京谈判。1951年5月23日，中央人民政府和西藏地方政府的代表就西藏和平解放的一系列问题达成协议，签订了《中央人民政府和西藏地方政府关于和平解放西藏办法的协议》（简称"十七条协议"）。协议明确规定，有关西藏的各项改革事宜，中央不加强迫，西藏地方政府自动进行改革。和平解放西藏的协议受到西藏各民族人民的赞成和拥护。10月24日，达赖喇嘛致电毛泽东主席，表示"双方代表在友好基础上，已于1951年5月23日签订了关于和平解放西藏办法的协议。"班禅和堪布厅也发表声明，指出协议"完全符合中国各族人民，特别是西藏民族人民的利益"。同年10月26日，人民解放军在西藏人民支持下，顺利进驻拉萨。

根据中国宪法，西藏实行民族区域自治。早在1955年3月，中央政府就作出了成立西藏自治区筹备委员会的决定。1965年9月，在拉萨召开了西藏自治区第一届人民代表大会第一次会议，西藏自治区宣告正式成立。参加大会的藏族代表绝大多数是翻身农奴，也有上层爱国人士和宗教界人士。会议选举阿沛·阿旺晋美为西藏自治区人民委员会主席。广大农奴砸碎了封建农奴制的枷锁后，获得了政治平等权利和民族平等权利。

西藏的和平解放结束了西藏近代以来遭受帝国主义、殖民主义侵略的历史，使一度离散的游子重新回到母亲的怀抱，为新中国的国家统一、民族团结大业，同时也为西藏的民主改革和民族区域制度的建立、为西藏的社会进步、经济发展奠定了坚实的基础，使西藏民族和西藏人民走上了团结、进步、发展的光明大道。

巩固新政权

土地改革 解放战争基本胜利后,从 1950 年开始土地改革运动,到 1952 年基本完成。处于几千年封建制度剥削压迫下的农民终于翻了身,他们由土地的奴隶变成了土地的主人,使全国农村出现了崭新的面貌。

抗美援朝战争 1950 年 6 月 25 日朝鲜战争爆发。美国纠集了 15 个国家的军队(号称"联合国军"),突然在仁川登陆,使朝鲜人民军前后受敌,遭受很大损失,最后撤至北部山区及鸭绿江沿线。敌军此时长驱直入,气势正旺。

▲中国人民志愿军首批部队跨过鸭绿江,标志着抗美援朝战争的开始

10 月 19 日,遵照中国人民革命军事委员会主席毛泽东的命令,中国人民志愿军开始分路渡过鸭绿江,揭开了抗美援朝战争的序幕。

面对武器装备占有绝对优势的敌军,志愿军与朝鲜人民并肩作战,敢打敢拼,先后进行了五次战役,将敌军打回到"三八线"附近。

1951 年 7 月,美国被迫坐到谈判桌前。在随后的 2 年时间里,由于美国无和谈诚意,形成了边谈边打的局面,战斗一直在"三八线"附近展开。到 1953 年 7 月,美国终于被迫在停战协定上签了字,历时 3 年的朝鲜战争宣告结束。

"三反""五反"运动 新中国成立后,中国政协全国委员会发布了《关于增产节约与反贪污、反浪费、反官僚主义的指示》文件,掀开了"三反"的序幕。

▼最高人民法院临时法庭在北京开庭公审 7 个大贪污犯,这是"三反""五反"运动的胜利成果

接着,中共中央发表《关于首先在大中城市开展"五反"斗争的指示》,要求在全国一切城市,开展一个大规模的坚决的彻底的反行贿、反偷税漏税、反盗骗国家财产、反偷工减料和盗窃经济情报的斗争,以配合党政军民内部的"五反"斗争。

1952 年 6 月,全国范围的"三反""五反"运动胜利结束。据统计全国有 850 万到 900 万人参加了"三反""五反"运动,最后实际退款 10 亿多元。

第二章
社会主义建设在探索中前进

从1953年开始,我国开始进行社会主义工业化建设和对农业、手工业与资本主义工商业的社会主义改造,逐步由新民主主义向社会主义过渡。到1956年,我国基本建立了社会主义制度,进入社会主义初级阶段。我国在全面建设社会主义的进程中,取得了巨大的成就,初步奠定了现代化建设的物质文化基础。但是,在社会主义道路的探索中,也出现过"大跃进"运动和人民公社化运动等急躁冒进的错误,甚至出现了"文化大革命"那样全局性的、长时间的严重错误。

本章内容:

社会主义建设时期

社会主义建设时期

第一个五年计划 第一个五年计划规定的基本任务是：集中主要力量进行以苏联帮助我国设计的 156 个建设单位为中心的、由限额以上的 694 个建设单位组成的工业建设，建立我国的社会主义工业化的初步基础；发展部分集体所有制的农业生产合作社，并发展手工业生产合作社，建立对于农业和手工业社会主义改造的初步基础；基本上把资本主义工商业分别纳入各种形式的国家资本主义的轨道，建立对于私营工商业的社会主义改造的基础。计划规定：以发展重工业为主，5 年内将建立许多我国历史上没有过的、规模巨大的钢铁、汽车、飞机、拖拉机、新式机床、重型机器、发电和矿山设备等工矿企业。

原油和石油产品全部实现自给 旧中国石油工业十分薄弱，1949 年原油产量只有 12 万吨，石油消费基本上依靠进口。解放后，我国的石油工业得到发展。第一个五年计划期间，原油产量平均每年递增 27.1%，1957 年达 146 万吨。第二个五年计划期间，在东北、华北、西南等几个大盆地进行区域勘探。1960 年原油产量增至 520 万吨。从 1960 年起，只用了两三年时间就探明了大庆油田储量并投入开发，从而使我国原油产量大幅度增长。到 1963 年，原油产量已达 648 万吨。1964 年起，又相继发现了山东胜利油田和天津大港油田。1965 年我国原油产量达 1131.5 万吨，原油和石油产品全部自给。

铁人王进喜 王进喜（1923—1970 年）甘肃玉门人。全国劳动模范。1938 年在玉门石油公司当学徒。新中国成立后，在甘肃玉门石油管理局勘探公司三大队当工人。1956 年任油矿钻井队队长。同年加入中国共产党。1958 年率领钻井队创造月进 5000 米纪录，被命名为"钢铁钻井队"。1959 年出席全国群英会。1960 年春，率领"1205"钻井队到东北的大庆参加石油会战。工作中一不怕苦，二不怕死，为发展我国的石油工业做出了贡献，被工人群众誉为"铁人"。

中华人民共和国第一部宪法 1954 年第一届全国人民代表大会制定的《中华人民共和国宪法》，是我国历史上第一部社会主义类型的宪法。它的内容包括序言，总纲，国家机构，公民的基本权利

▼在喷放的原油现场，工人们欢呼雀跃

◀第一届全国人民代表大会第二次会议开幕式,毛泽东同志在开幕式上致辞

和义务,国旗、国徽、首都等5部分,计4章,106条。

社会主义制度的确立 自1953年起,国家对农业进行社会主义改造,采取自愿、互利的原则和积极领导、稳步前进的方针,引导农民走上了社会主义合作化道路,到1956年底,全国有90%以上的个体农户走上了社会主义合作化的道路。全国的农业社会主义改造基本完成了。国家对手工业的改造坚持自愿原则和逐步改造的方针,帮助手工业者先成立生产小组,后发展为手工业合作社。到1956年底,全国90%以上的手工业者参加了各种形式的合作社。国家对手工业者的社会主义改造也基本完成了。国家对资本主义工商业的社会主义改造是通过多种形式的国家资本主义,采取赎买的方式进行。我国的剥削制度已被消灭,以公有制为基础的社会主义制度基本确立起来。

毛主席发表《论十大关系》 1956年2月—4月间,中共中央政治局分别约集30多个经济部门的负责同志座谈,讨论社会主义建设中存在的各种问题。毛主席集中大家的意见,在4月的政治局扩大会议上作《论十大关系》报告。报告确定的基本方针就是要把国内外一切积极因素调动起来,为社会主义事业服务。报告论述的10个问题是在总结我国经济建设的经验和以苏联经验为鉴戒的基础上提出来的。鉴于苏联忽视农业、轻工业,片面强调重工业,造成农轻重发展不平衡的教训,报告提出今后我国的经济计划应该适当调整,更多地发展农业、轻工业,更多地利用和发展沿海工业,尽量降低军政费用的比重,多搞经济建设。这些思想实际上涉及中国工业化的道路问题。报告又论述了国家、生产单位和生产者个人的关系,中央和地方的关系,开始涉及经济体制的改革;还阐述了汉族和少数民族,党和非党,革命和反革命,是和非及中国和外国等属于政治生活方面的关系。

《论十大关系》提出的许多重要方针和观点对于后来国家的发展具有重要意义。毛主席说,前几年搞建设主要是照搬外国经验,《论十大关系》开始提出我们自己的建设路线,有我们自己的一套内容。

党的第八次代表大会召开

▲在党的第八次代表大会上,毛泽东致词

1956年9月15日—27日,中国共产党第八次全国代表大会在北京举行。毛泽东致开幕词,刘少奇代表中央委员会作政治报告,邓小平作关于修改党章的报告,周恩来作关于发展国民经济的第二个五年计划的建议的报告,朱德、陈云等一百多位代表作了大会发言或书面发言。大会正确地分析国内外形势和国内主要矛盾的变化,明确指出:由于社会主义改造已经取得决定性的胜利,我国无产阶级同资产阶级之间的矛盾已经基本上解决,国内的主要矛盾已经是人民对于建立先进的工业国的要求同落后的农业国的现实之间的矛盾,已经是人民对于经济文化迅速发展的需要同当前经济文化不能满足人民需要的状况之间的矛盾。党和全国人民当前的主要任务就是要集中力量解决这个矛盾,把我国尽快地从落后的农业国变为先进的工业国。这些论述是社会主义制度在我国建立起来以后党确定正确路线的基本依据。

大会确定了经济、政治、文化和外交工作的方针。在经济建设方面,强调要从国家的财力物力的实际状况出发,坚持既反保守又反冒进即在综合平衡中稳步前进的方针。在管理体制方面,要求适当扩大地方管理权限,并调整一些经济管理体制。大会肯定陈云提出的"三个主体,三个补充"思想,即国家与集体经营、计划生产和国家市场是主体,一定范围内国家领导的个体经营、自由生产和市场自由调节作为补充。

八大制定的路线是正确的,提出的许多新方针和设想是富于创造精神的。这次会议对我国自己的建设社会主义道路的探索,取得了初步的并且具有深远历史意义的成果,为社会主义事业的发展和党的建设指明了方向。

大跃进和人民公社化运动

▼大跃进和人民公社化运动时期的宣传画

1958年5月,党中央通过了"鼓足干劲,力争上游,多快好省地建设社会主义"的总路线,全国出现了大跃进的形势。8月,中共中央北戴河会议提出发展国民经济第二个五年计划的意见,要求工农业生产高速度发展,决定1958年钢产量要比1957年翻一番。北戴河会议以后,全国迅速掀起了以大炼钢铁为中心的大跃进运动,炼出了一批效用很低的土钢土铁,毁坏了大量资源,浪费了巨大人力,得不偿失。

这种做法远远脱离当时农村生产力发展的状况,加上共产风等五风盛行,因此,大大挫伤了广大社员的生产积极性。由于"左"的错误越来越严重,结果造成国民经济比例严重失调,农业生产下降,国民经济开始出现困难。1959年庐山会议准备纠正"左"的错误,讨论今后的经济任务。但是,会上和会后又开展了一场反右倾斗争,使党内民主生活受到了严重破坏,在经济上打断了纠正"左"倾错误的进程。此后,党内"左"的思想继续发展。1959—1961年,国民经济发生严重困难。这时,苏联领导人突然单方面撕毁援助我国的几百个合同,撤走全部专家,加重了我国国民经济的困难。

七千人大会 1962年1月11日—2月7日,党中央在北京召开扩大的工作会议(简称"七千人大会")。

"七千人大会"对于"大跃进"以来犯错误的原因,归纳起来有几个方面:一是建设工作中的经验还很不够;二是违背民主集中制的原则,强迫命令,瞎指挥成风,听不得不同意见;三是分散主义严重泛滥,有令不行,有禁不止,自行其是,各提一套;四是丢掉了实事求是的传统和作风;五是只反右不反"左",只反保守不反冒进。

"七千人大会"虽然在一定程度上正视了工作中的缺点错误和国民经济的困难情况,但是人们还没有从"左"的指导思想中摆脱出来,对困难估计不足。钢产量、基本建设虽然大加压缩,仍然较高,当年财政收支仍然出现30亿元的赤字。到1962年年底,国民经济形势开始好转。

"文化大革命" 文化大革命是指1966年5月—1976年10月在中国由毛泽东发动和领导的一场政治运动。

1966年5月中央政治局扩大会议和同年8月八届十一中全会的召开是"文化大革命"全面发动的标志,两次会议相继通过了《五·一六通知》和《关于无产阶级文化大革命的决定》,对所谓"彭真、罗瑞卿、陆定一、杨尚昆反党集团"和"刘少奇、邓小平资产阶级司令部"进行了错误的批判。从此声势浩大的"文化大革命"全面爆发。在一场运动中,许多老一辈无产阶级革命家被打倒,众多知识分子遭到迫害,这是一场领导人错误发动,被反革命集团所利用,给党、国家和各族人民带来严重灾难的运动。

1976年10月,在毛泽东逝世后,党中央一举粉碎"四人帮"反党集团,终止了这场称为"十年浩劫"的"文化大革命"。

▼吉林长春市郊小河台乡红旗人民公社成立大会,1958年8月之后全国兴起了成立人民公社的高潮

上山下乡运动

上山下乡运动最早要追溯到 1955 年，六十名北京青年组成了青年志愿垦荒队，远赴黑龙江去垦荒，邢燕子等典型模范在青年人那里广受欢迎，被视为楷模。

真正有组织、大规模的上山下乡运动是在"文化大革命"后期。1968 年 12 月，毛泽东作出了"知识青年到农村去，接受贫下中农的再教育很有必要"的指示，由此上山下乡运动大规模展开，"到农村去，到边疆去，到祖国最需要的地方去"成为了知识青年的口号。文化大革命中上山下乡人数达到 1600 多万人，十分之一的城镇人口去了农村，几乎每一家都和上山下乡联系在一起。上山下乡运动对当时解决城市就业问题起到了积极的作用。

"文化大革命"后期，上山下乡作为一场运动已渐渐降温，少量知识青年开始回城。"文化大革命"结束之后，大规模的"返城"开始，几年后除少数知识青年还留在农村外，几乎全部知识青年都返回城市。

▼知识青年上山下乡，活跃在农业生产第一线

第三章
改革开放与现代化建设新时期

中国共产党十一届三中全会后,我国实现了历史性的伟大转折,进入了改革开放和社会主义现代化建设的新时期。中国共产党在实践中逐步找到了建设有中国特色社会主义的道路。邓小平理论指导地位的确立,成为中国实现社会主义现代化的根本保证。

本章内容:

社会主义现代化建设的新时期

社会主义经济体制改革

社会主义现代化建设的新时期

十一届三中全会 1978年12月18日—22日,中国共产党第十一届中央委员会第三次全体会议在北京举行。出席会议的中央委员169人,候补中央委员112人。这次会议解决的主要问题是:第一,重新确立了党的马克思主义的思想路线。全会坚决批判了"两个凡是"的错误方针,高度评价了关于真理标准问题的讨论,确定了解放思想、开动脑筋、实事求是、团结一致向前看的指导方针。第二,重新确立了马克思主义的政治路线。全会果断地停止使用"以阶级斗争为纲"和"无产阶级专政下继续革命"的口号,作出把工作重点转移到社会主义现代化建设上来的战略决策,并富有远见地提出了对党和国家各个方面的工作进行改革的任务。第三,重新确立了党的正确的组织路线。提出要健全社会主义民主和加强社会主义法制的任务,审查和解决了党的历史上一批重大冤假错案和一些重要领导人的功过是非问题,纠正了过去对彭德怀、陶铸、薄一波、杨尚昆等同志所作的错误结论。全会增选陈云为中共中央副主席,邓颖超、胡耀邦、王震为中央政治局委员,并选举产生了以陈云为首的中央纪律检查委员会。十一届三中全会是建国以来党的历史上具有深远意义的重要会议,它从根本上冲破了长期"左"倾错误的严重束缚,端正了党的指导思想,重新确立了党的马克思主义的正确路线。它在拨乱反正,提出改革任务,推动农村改革方面起了伟大的历史作用。

▼十一届三中全会会场。全会的成功举行标志着中国的社会主义建设进入了一个新的历史阶段,具有划时代的意义

家庭联产承包责任制

从20世纪70年代末,中国农村开始逐步实行家庭联产承包责任制,这种方式不仅充分调动了农民的生产积极性,而且使农民走向了富裕。

1958年的人民公社化运动曾使中国农民在劳动和分配上都实行绝对的平均主义,甚至有饭都是大伙一块儿吃。"大锅饭"的结果是饭越吃越少、人越过越穷。

到了70年代末,安徽省部分农民冒着"割资本主义尾巴"的危险,偷偷摸摸地把一些麦田、油菜田承包到自己家里去种,搞起了"包产到户"。凤阳县小岗村便是这项改革的发源地,当年村干部和十几户农民按手印立下大包干秘密协议,协议上写着:如果村干部坐牢杀头,其他农户保证把他们的小孩养到18岁。坐牢杀头的情况最终没有发生,而包产到户的结果却是加快了生产进度、抓住了季节,这便是"家庭联产承包责任制"的雏形。

1980年9月,中共中央发出当时著名的75号文件,对包产到户的形式予以肯定。"大包干,大包干,直来直去不拐弯,交够国家的、留足集体的、剩下全是自己的。"由于"包产到户"从根本上打破了农业生产经营和分配上的"大锅饭",使农民有了真正的自主权,因此受到全国各地农民的广泛欢迎。到1981年,家庭联产承包责任制已经在中国农村绝大部分地区推广。

此后,中国政府继续不断稳固和完善家庭联产承包责任制,延长土地承包期,鼓励农民发展多种经营,使广大农村地区迅速摘掉贫困落后的帽子、逐步走上富裕的道路。

▼安徽省凤阳县小岗村带头签协议的3名干部。家庭承包责任制加快了我国经济的发展速度

社会主义经济体制改革

对外开放政策的确定和实施 对外开放政策是我国的一项长期基本国策，是党的基本路线的重要组成部分。我国生产力不发达、经济落后的原因之一，是由于长期实行封闭政策。党的十一届三中全会确立发展同世界各国平等互利的经济合作方针，开始向对外开放转变。1979年7月，党中央、国务院批准对广东、福建两省的对外经济活动实行特殊政策和灵活措施，出口特区先在深圳、珠海两市划出部分地区搞试点，揭开了我国对外开放的帷幕。

1980年8月，五届人大常委会15次会议决定，在深圳、珠海、汕头、厦门设立四个经济特区，作为对外开放的第一步，起窗口作用。在特区内吸收和利用外资，生产外销产品，政府给予优惠政策。经几年努力，特区发展十分迅速。1984年，决定开放大连、秦皇岛、天津、烟台、青岛、连云港、南通、上海、宁波、温州、福州、广州、湛江、北海等14个沿海港口城市。1985年2月，中央正式决定把长江三角洲、珠江三角洲、闽南三角地区开辟为沿海经济开放地区。

1988年4月26日，海南省正式成立，并建成我国最大的经济特区。

国有企业改革 1980年1月，国务院财经委员会经济体制改革研究小组讨论了我国经济体制改革的总体设想。7月，国务院批准湖北省沙市为我国第一个进行经济体制改革的试点城市。1984年10月，中共召开十二届三中全会，制定了《关于经济体制改革的决定》。改革的主要内容：扩大企业自主权，实行承包经营责任制；政企职责分开，实行厂长负责制；实行利改税，调动企业积极性；改革多渠道、多环节的商业体制，实行社会主义市场经济，搞活流通；实行中心城市管理企业和发展横向经济联合，按经济规律办事；实行按劳分配为主的多种形式的分配方式和政策等。这些措施的采取打破了我国原有的城市僵化的经济体制，开始向充满活力的经济体制转化，促进了工业的发展，从此，工业总产值和国有企业税收大幅增长，今天，我国的国有企业已成为国民经济的支柱。

◀1978年12月18日—22日，党的十一届三中全会在北京京西宾馆召开

第四章
民族区域自治与一国两制

新中国成立后，共产党和人民政府实行民族区域自治的政治制度，实现了民族平等，满足了少数民族当家作主的愿望，保证了祖国的统一和民族的团结。人民政府十分重视少数民族地区经济文化的发展，从财力、物力和人力上给予支持，使少数民族地区得到迅速发展。尤其是西部大开发战略的提出给少数民族地区带来了大发展的新气象。

本章内容：

民族团结与祖国统一

民族团结与祖国统一

民族区域自治 少数民族在本民族聚居的地区建立自治地方，管理本民族内部地方性的事务，是中国共产党解决国内民族问题的基本政策。我国宪法规定：中华人民共和国是统一的多民族的国家。各少数民族聚居的地方实行区域自治。各民族自治地方都是中华人民共和国不可分离的部分。各民族自治地方的自治机关都是中央人民政府统一领导下的一级地方政权，是我国人民民主专政的组成部分。它们既行使一般地方国家机关的职权，又依照法律规定的权限行使自治权。民族区域自治政策的实施，对于发挥各民族人民社会主义革命和建设的积极性，实现民族平等，增强民族团结，巩固祖国统一，加强我国人民民主专政，实现社会主义的现代化，都具有十分重要的意义。

各民族大团结 我国作为统一的多民族国家，是从秦始皇统一中国开始的。秦始皇统一六国后，建立了多民族的中央集权的封建制国家。后又经过汉、唐、元、明、清等朝代的巩固和发展，在长期的、反复的民族斗争和民族融合过程中，最后形成了包括56个民族在内的统一国家。尤其是鸦片战争之后，中国屡遭帝国主义侵略、欺凌，中国各族人民陷入被压迫、被奴役境地。在国家四分五裂、民族生死存亡的危急关头，中国各族人民团结一心、共御外侮，为维护国家主权统一、争取民族独立和解放进行了艰苦卓绝的斗争。特别是抗日战争时期，中国各民族进一步联合起来，同仇敌忾，抗击侵略，保家卫国。在反抗外来侵略的斗争中，各族人民深切体会到：伟大祖国是各民族的共有家园，只有国家的主权统一和领土完整，各民族才能实现真正的自由平等和发展进步；中国各族人民只有更加紧密地团结和联合起来，才能维护国家主权统一、领土完整和实现国家繁荣富强。

据1990年全国人口普查统计，汉族人口最多，占总人口的91.96%，55个少数民族总人口有9056多万，约占全国总人口的8.04%；此外，我国还有75万多人的民族成份尚未最后确定。我国民族分布特点是汉族主要分布在东部和中部，少数民族主要分布在边疆地区，整个分布特点是"以汉族为主体的大杂居、小聚居、交错杂居"。我国民族的这种分布特点是我国国情的一个重要方面，是我国制定民族政策的客观依据。

▼西藏自治区成立之后兴高采烈的人们

"一国两制" "一国两制"是一个国家，两种制度的简称。是中国共产党和中国政府为解决台湾问题，恢复行使香港、澳门主权，以和平的方式实现祖国统一而制定的一项重要战略方针。这项方针的内涵是在中华人民共和国这个

统一主权的社会主义国家里，在祖国统一的前提下，大陆实行社会主义制度，香港、澳门、台湾实行资本主义制度。1978年底，邓小平首先提出这一构想。1979年元旦，全国人大常委会在《告台湾同胞书》中，宣布了这一和平统一祖国的方针。1981年9月30日，叶剑英在关于台湾问题的九条建议中，明确指出台湾在祖国统一后作为特别行政区享有高度自决权。1982年9月，英国首相撒切尔夫人访华时，中国政府提出按一国两制的构想收回香港。12月，五届人大第五次会议通过的《中华人民共和国宪法》规定，

▲邓小平在1982年9月会见时任英国首相撒切尔夫人时，公开提出了"一国两制"的构想

▲中英两国政府香港政权交接仪式，标志着香港回到了祖国的怀抱

国家在必要时得设立特别行政区。这样，一国两制就以根本大法的形式得到了确认。一国两制是对马克思主义的丰富和发展，对人类历史和世界和平做出的巨大贡献。

香港、澳门回归 1982年9月，中英两国政府展开关于香港问题的外交谈判。

邓小平指出："我们对香港问题基本立场是明确的，这里主要有三个问题。一个是主权问题；再一个问题，是一九九七年后中国采取什么方式来管理香港，继续保持繁荣；第三个问题，是中国和英国两国政府要妥善商谈如何使香港从现在到一九九七年的十五年不出现大的波动。"关于主权问题，邓小平又指出："中国在这个问题上没有回旋余地。坦率地讲，主权问题不是一个可以讨论的问题。现在时机已经成熟了，应该明确肯定：一九九七年中国将收回香港。"

1985年5月27日，中英两国政府经过2年多的拉锯式谈判，英国终于接受了中国提出的以"一国两制"来解决香港问题的方案。1984年12月19日在北京正式签署了关于香港问题的联合声明。

1997年7月1日，中英两国政府香港政权交接仪式在香港隆重举行。江泽民主席庄严地宣告：中国对香港恢复行使主权。随后江泽民主席又宣告：中华人民共和国香港特别行政区政府成立。至此香港终于回到了祖国的怀抱。

1999年12月19日午夜—20日凌晨，中华人民共和国与葡萄牙共和国在澳门文化中心花园馆隆重举行澳门政权交接仪式，中华人民共和国从此开始恢复对澳门行使主权。

完成祖国统一大业 实现祖国的完全统一是海内外中华儿女的共同心愿，是中华民族的根本利益所在。中国共产党人始终把实现祖国的完全统一作为自己的历史使命，为此进行了长期不懈的奋斗。香港、澳门顺利回归祖国，是祖国统一大业进程中的重要里程碑，是中国共产党对于中华民族的历史性贡献。

▲两岸关系协会

为了实现祖国的完全统一，十一届三中全会后，邓小平同志提出了"和平统一、一国两制"的伟大构想。香港和澳门顺利回归祖国，使"一国两制"由科学构想变为生动现实。事实充分证明，"一国两制"方针是正确的，有着强大的生命力。

坚持一个中国原则是发展两岸关系和实现和平统一的基础。世界上只有一个中国，大陆和台湾同属一个中国，中国的主权和领土完整不容分割。对任何旨在制造"台湾独立""两个中国""一中一台"的言行，两岸同胞理应坚决反对。台湾前途系于祖国统一。

"一国两制"是两岸统一的最佳方式。两岸统一后，台湾可以保持原有的社会制度不变，高度自治。台湾同胞的生活方式不变，他们的切身利益将得到充分保障，永享太平。台湾经济将真正以祖国大陆为腹地，获得广阔的发展空间。台湾同胞可以同大陆同胞一道行使管理国家的权利，共享伟大祖国在国际上的尊严和荣誉。

台湾问题是我国国内战争遗留下来的问题。解决台湾问题完全是中国的内政，应该由两岸中国人自己来解决，绝不容许外国势力插手台湾问题，干涉中国内政。在这个基本原则问题上，我们决不妥协退让，决不吞下损害国家根本利益的苦果。台湾同胞是我们的手足兄弟，没有人比我们更希望通过和平的方式解决台湾问题。我们将以最大的诚意，尽最大的努力争取和平统一的前景。

没有祖国的完全统一就没有完全意义上的民族振兴。实现祖国的完全统一和维护祖国的安全，是中华民族伟大复兴的根本基础，也是全体中国人民不可动摇的坚强意志。不管在实现祖国完全统一的道路上还有多少艰难险阻，海峡两岸全体中国人和所有中华儿女，从中华民族的根本利益出发，携手共进，祖国的完全统一和民族的全面振兴就一定能够实现。

◀两岸关系协会

第五章
新中国成立后的国防外交成就

新中国成立后，加强了国防建设，尤其是改革开放以来，走科技强军之路，成效显著。人民海军已由水面舰艇部队、潜艇部队、海军航空兵、海军陆战队等多兵种组成，现代化水平明显提高；人民空军的现代化建设也有了新的飞跃，成为保卫祖国领空的钢铁卫士。新中国成立，是一百多年来中华民族斗争的结果，不再受外族奴役的中国，在世界上尽快树立自主形象和确保独立自主的和平外交是非常必要的，所以中国提出了和平共处外交原则，首先取得了印度、缅甸的认同，随后获得更多国家的共识，成为国际外交基本准则。

本章内容：
国防建设
外交成就

国防建设

中国人民解放军空军成立 1949年3月,中央军委决定人民解放军成立中央航空局,局长常乾坤、政委王弼。同年11月11日,中央决定中央航空局与中国人民解放军第14兵团领导机关组成中国人民解放军空军领导机关,由刘亚楼任司令员、肖华为政治委员兼政治部主任、王秉璋为参谋长,中国人民解放军空军正式成立。空军为人民解放军的一个军种,下有航空兵、高射炮兵、地空导弹兵等战斗兵种,雷达兵、探照灯兵、通信兵等专业兵种和空军部队及空军学校、科研单位等组成。1950年6月,由航校速成班第一批毕业生为主组成的空军第4混成旅是我国空军第一批航空兵部队,装备有歼击机、轰炸机、强击机等飞机。1950年9月成立了空降兵伞兵第一旅,1961年成立空降军。空降兵部队归空军建制。1958年10月,成立地空导弹部队。

中国人民解放军海军成立 1949年4月,中国人民解放军华东军区,以起义的国民党重庆号巡洋舰、海防第二舰队和招商局的几艘舰船组成华东军区海军,这是人民解放军最早的一支海军。1950年4月中央决定,以中国人民解放军第12兵团部分机关为基础组建中国人民解放军海军领导机关,萧劲光为司令员、王宏坤为副司令员、刘导生为副政委兼政治部主任、罗舜初为参谋长。海军是以舰艇部队为主体的在海上作战的军种,主要由水面舰艇部队、潜艇部队、航空兵、岸防兵、陆战队等兵种组成。海军现拥有东海舰队、南海舰队和北海舰队。

成功研制导弹核弹 1956年5月,中央军委决定发展导弹,成立了导弹管理局和导弹研究院,同年8月成立了由钱学森任院长的国防部第五研究院,开始了导弹的研制工作。1965年1月,毛泽东听了汇报后指出,原子弹要有,氢弹也要快。我国制订了1965—1972年间研制出中近程、中程、中远程和洲际导弹4种地地导弹计划。这项计划经中央专门委员会批准后,科研人员开始了对核导弹的研究工作,他们在原子弹设计的基础上,结合导弹的要求,进行射击、爆轰试验后,于1966

◀接受检阅的第一批女航空人员,说明了当时我国空军建设已有很大进步

年10月，在聂荣臻主持下进行了导弹核武器的全当量、全射程试验。导弹飞行正常、准确飞向靶区目标，在预定高度实现爆炸，实验获得圆满成功。这标志着中国有了可用于实战的导弹核武器。

第二炮兵（战略导弹部队）成立

我国的战略导弹部队创建于1957年12月，时属炮兵建制。1959年6月，炮兵决定将国防部第五研究院第1教导大队第1教导营扩编为地地导弹战斗营，这是我国第1支地地导弹部队。1966年6月，中央决定组建第二炮兵，直属中央军委领导，原地地导弹部队由炮兵划归第二炮兵建制。同年7月1日第二炮兵正式成立。二炮是解放军以地地导弹为主装备的军种，担负核反击的作战任务。现已拥有一支中程、远程、洲际导弹部队，成为中国国防力量的重要组成部分。

海军舰艇编队出访美洲

由海军112导弹驱逐舰、166导弹驱逐舰和南运953船组成的海军舰艇编队，在王永国中将率领

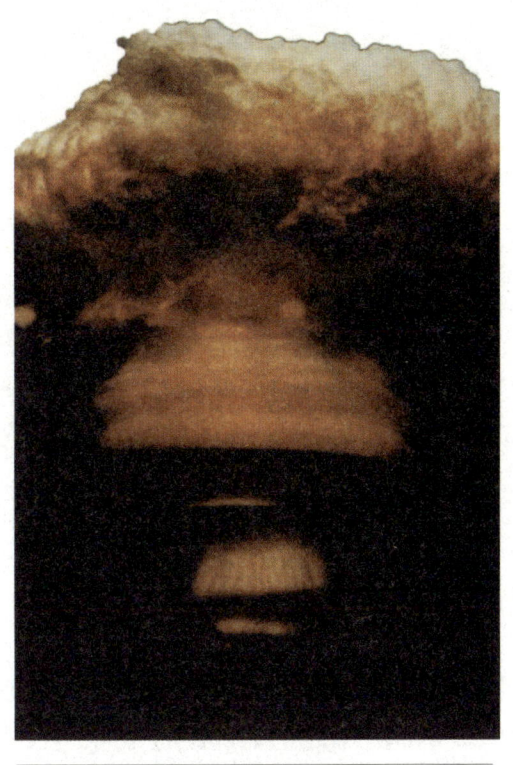
▲第一颗氢弹爆炸。标志着我国核武器发展已有了飞跃性的发展

下，于1997年2月20日从湛江启航，出访美国夏威夷和圣迭戈、墨西哥阿卡普尔科、秘鲁卡亚俄和智利瓦尔帕莱索四国五港。编队历时98天，航程2.4万多海里，跨越太平洋，进行历史性的远航，是海军对外交往中出访规模最大、时间最长、航程最远、访问国家和城市最多的一次出访，在胜利圆满地完成任务后于5月28日载誉回到湛江港。这次出访增进了我国与美洲四国人民及军队的友谊，为祖国和军队赢得了荣誉。

▶我国海军的112导弹驱逐舰，此次出访美洲对促进我国与美洲各国友谊有深远的意义

外交成就

新中国初期外交方针的制定 为了同旧中国的半殖民地外交一刀两断，维护新中国的独立和主权，1949年春夏之际，毛泽东提出"另起炉灶"、"打扫干净屋子再请客"和"一边倒"的三条方针。"另起炉灶"，"打扫干净屋子再请客"是指：以前国民党政府同各国政府建立的旧的外交关系一律不予承认，对驻在旧中国的各外国使节只当作侨民对待，而不作为外交代表；对旧中国同外国签订的一切条约和协定都要进行重新审查处理，把帝国主义国家在中国的势力和特权逐步进行肃清，在互相尊重领土主权和平等互利的基础上同世界各国建立新的外交关系。"一边倒"是指倒向社会主义一边。

万隆会议 又称"亚非会议"。是由缅甸、锡兰（今斯里兰卡）、印度、印度尼西亚、巴基斯坦五国发起，1955年4月18日—24日在印度尼西亚万隆召开的。中国派出以周恩来为首席代表，陈毅、章汉夫、叶季壮、黄镇为代表组成的代表团出席会议。周恩来在会上几次发言，指出：亚非国家的命运应该由亚非各国人民自己掌握。并提出了"求同存异"的方针。

和平共处五项原则 1953年12月，在同印度政府代表团谈话时，周恩来总理首次提出了和平共处五项原则，简称"五项原则"。1954年4月中印两国政府达成的《关

▼周恩来在万隆会议上发言

于中国西藏地方和印度之间的通商和交通协定》中写入了此原则。6月,中印、中缅总理的联合声明中又重申并确定把五项原则作为处理国家关系的指导原则。

五项原则是:互相尊重主权和领土完整,互不侵犯,互不干涉内政,平等互利,和平共处。现在世界许多国家已接受该原则,它已成为现代国际法的重要内容。

恢复在联合国的合法权利 1971年第26届联大又展开了"恢复中华人民共和国在联合国组织的合法权利"和"中国在联合国的代表权问题"两项议案的争论。10月25日,联合国大会终于以76票赞成、35票反对、17票弃权通过阿尔巴尼亚、阿尔及利亚等23

▲周恩来在万隆会议上的发言和手稿

▲周恩来与印度代表谈话,谈话期间周恩来首次提出和平共处五项原则,反映了我国高超的外交水平

国的联合提案,恢复中华人民共和国在联合国的一切合法权利,并立即把台湾国民党当局的代表从联合国及其所属一切机构中驱逐出去。11月11日,中华人民共和国代表团到达纽约,出席第26届联合国大会。从此,中华人民共和国恢复了联合国的合法权利,并成为联合国五个常任理事国之一。

中美建交 进入20世纪70年代以来,随着中国国际地位的提高和政治影响的扩大,美国一些人士和广大人民要求政府改变对中国的政策的呼声愈来愈高。1972年2月21日,美国总统尼克松在国务卿罗杰斯和总统国家安全事务助理基辛格的陪同下来中国访问。经过多次会谈,2月28日中美双方在上海发表联合公报。从而为中美关系正常化奠定了基础。1973年2月15日—19日,基辛格再次访问中国。中美双方商定,不久将在双方首都互设一个联络处。1978年11月16日中美发表关于建立外交关系的联合公报,宣布两国政府自1979年1月1日起建立外交关系。同日,美国宣布断绝同台湾的"外交关系"。1979年3月1日中美两国互派大使并建立大使馆。从此,中美两国关系开始了一个新的阶段。

▼在纽约联合国总部升起的五星红旗。在第二十六届联合国大会上,中华人民共和国恢复了在联合国的一切权利

第六章
科技、教育、文化事业的发展

新中国成立后,在中国共产党的领导下,我国的科学技术取得了累累硕果,尤其是有些科技研究成果已跻身于世界先进行列。新中国成立后,党和政府大力发展教育事业,人民教育事业取得了可喜的成就,文化和体育事业也取得了巨大的成就。

本章内容:

科技的发展

教育事业的发展

文化体育事业

科技的发展

▲ 863 计划节点检查汇报会

"863 计划" 1986年3月3日,王大珩、王淦昌、杨嘉墀、陈芳允4位老科学家给中共中央写信,提出要跟踪世界先进水平,发展我国高技术的建议。这封信得到邓小平同志的高度重视。3月5日,邓小平同志亲自批示,此事宜作决断,不可拖延。在党中央、国务院的组织下,200多位专家研究制定了《高技术研究发展计划(863计划)纲要》。

"863计划"在5个领域共取得研究成果1200多项,其中达到国际水平的540项,有567项成果获国家或部委级奖励,成果获奖率达45.6%,获国内外专利244项。一批重大关键技术获得突破,使我国高技术与国际先进水平的差距大大缩小,高技术研究开发的总体水平大大提高,整体实力大大增强。

"863计划"为中青年优秀人才的成长和施展才华创造了不断完善的环境条件,一批有才干又有献身精神的中青年人才涌现出来。十年来,参加过"863计划"研究工作的科学家前后达3万多人次,"863计划"期间,参加的研究人员的规模为1万多人,从中成长起很多杰出的学科带头人,其中有数十位专家入选中科院和工程院院士,培养了博士后207人,博士1490人,硕士3868人。目前研究人员中,45岁以下占一半以上。此外,还吸引了不少海外学子回国效力。

第一颗原子弹爆炸 1961年7月16日,中央作出《关于加强原子能工业建设若干问题的决定》,决定自力更生,突破原子能技术。1962年11月,中央决定成立以周恩来为首的专门机构,领导核武器的试制和核工业建设工作。经过全国各地区、各部门,以及参加核试验的广大指战员、科技人员、职工的通力协作,艰苦奋斗,进行了上千次科学实验,攻克了技术难关,研制了2万多台关键设备,终于在1964年10月16日在中国西部地区成功地爆炸了我国自行制造的第一颗原子弹。1967年我国第一颗氢弹爆炸成功。

▼ 863 计划检收会

人造地球卫星和实用通讯卫星发射成功

1970年4月27日，我国第一颗人造地球卫星——"东方红1号"发射成功，卫星重173千克，用20.009兆周频率，播送"东方红"乐曲。1984年4月，我国成功地发射了一颗试验通讯卫星。1986年2月，我国用"长征三号"运载火箭把一颗实用通信广播卫星送入太空。1988年，我国成功地发射了25颗人造地球卫星，其中11颗按预定计划成功地返回地面，成为继美、苏之后第三个掌握卫星回收技术的国家。1981年9月20日，我国首次用一枚运载火箭发射了三颗卫星(空间物理探测卫星)，成为苏、美、法之后第四个掌握"一箭多星"技术的国家。这些表明中国在航天技术和运载火箭技术方面，都已达到世界先进水平。

我国回收第8颗返回式卫星

返回式卫星技术是卫星脱离原来的运行轨道进入地球大气层并安全着陆地面的技术。我国研究航天器返回技术，自1959年起研究火箭返回技术开始，在取得重要进展后，1975年11月26日，我国第一颗返回式遥感卫星发射成功，卫星按计划正常飞行3天后，安全返回地面。1976年、1978年、1982年、1983年、1984年，又接连5次发射返回式卫星成功，中国成为世界第三个掌握卫星返回式技术的国家。

我国载人航天飞行成功

2003年10月16日，我国"神舟"五号载人航天飞船返回舱在内蒙古主着陆场成功降落，宇航员杨利伟安全返回地面。

2005年10月17日，我国"神舟"六号飞船在太空飞行了115个多小时后，其返回舱也顺利着陆。飞船上的宇航员费俊龙、聂海胜也安全返回地面。

两次载人航天飞行标志着我国的航天技术已经进入世界先进行列。

2008年9月28日傍晚，神舟七号飞船返回舱载着翟志刚、刘伯明、景海鹏3位航天员在内蒙古草原的秋日中稳稳降落——标志着中国载人航天的又一重大突破，中国人的足迹留在了茫茫太空。

▲第一颗原子弹爆炸后的蘑菇状烟云。第一颗原子弹代表了我国科技的先进水平，具有划时代的意义

▲"东方红1号"图。第一颗人造地球卫星发射成功意味着中国发展空间技术的重大突破

杂交水稻之父袁隆平

袁隆平，中国著名农学家，闻名世界的杂交水稻专家。1930年7月生于北京。1953年8月，西南农学院农学系毕业后，分配到湖南省安江农业学校任教。60年代初，开始进行杂交水稻的研究。1966年在《科学通讯》上发表《水稻的雄性不育性》论文，受到国家科委重视。1967年杂交水稻研究被正式列入湖南省重点科研项目。1970年"野败"（野生水稻花粉败育的雄性不育株）的发现，为杂交水稻三系配套打开了一个重大的突破口（此系袁隆平的助手李必湖在海南岛首先发现的）。1972年，杂交水稻被列为全国重点科研项目，组织了全国性的协作攻关。1974年，我国籼型杂交水稻"三系"配套成功，育成了世界上第一批强优势杂交水稻。1975年冬—1976年春，湖南各级农业部门抽调力量，组织一批批的人员下海南，由袁隆平担任技术总指挥，试种3万多亩。

▲袁隆平，我国著名农学家，为我国农业的发展作出了杰出的贡献

此后，杂交水稻迅速在国内推广种植，并以迅猛之势推向世界一些国家。1979年4月，袁隆平出席国际水稻研究所科学年会，作了《中国杂交水稻育种》的学术报告，各国水稻专家公认中国杂交水稻居世界"领先地位"。袁隆平被誉为"中国杂交水稻之父"。杂交水稻第一代优势为我国农业生产带来了大幅度、大面积的增产，是我国、也是世界农业科研的一项重大成果。1987年袁隆平晋升为研究员。1981年，获中国第一个特等发明奖；1985年获联合国知识产权组织授予的金质奖；1987年获联合国教科文组织1986—1987年度科学奖。袁隆平还被评为"全国劳动模范"，被授予"国家级有突出贡献的中青年专家"，当选为全国人大代表，全国政协委员。2001年2月19日，中共中央、国务院隆重举行国家科学技术奖励大会，授予袁隆平2000年度国家最高科学技术奖，这是首次以国家名义对科学技术发展作出贡献的科学家给予最高荣誉奖励。

"银河"巨型计算机研制成功

1946年世界上第一台电子计算机在美国投入使用。我国第一台电子计算机（103型小型电子管机）是1958年中国科学院计算所研制成功的，运算速度为每秒2000次。从70年代初开始，世界上出现了第四代电子计算机，即大规模集成电路计算机。1983年12月，我国自行设计的第一台每秒向量运算1亿次的巨型计算机系统研制成功，在长沙通过了国家鉴定。该巨型计算机系统命名为"银河"，主机是由国防科技大学从1978年开始研制的。"银河"巨型计算机系统的研制成功使我国跨入了世界研制巨型机的行列，标志着我国计算机技术发展到了一个新阶段。

▼"银河"巨型计算机

教育事业的发展

新中国的教育事业 新中国成立后,人民政府为摆脱落后的文化教育状态,采取措施,创立了人民教育制度。确立了社会主义的教育方针,制定了多种法律,从不同角度保障人人受教育的权利,使教育事业有了新的发展。1983年,邓小平同志提出的"教育要面向现代化,面向世界,面向未来",为教育改革指明了方向。20世纪90年代以来,党和政府又实施"科教兴国"战略,我国教育进入了蓬勃发展的新时期,取得了巨大成就。在基础教育方面,把九年义务教育作为科教兴国的奠基工程,并实施素质教育,全面贯彻党的教育方针。在高等教育方面,启动了将北京大学、清华大学等若干所大学建成世界一流大学的工作。到2000年,基本实现了普及九年义务教育,我国中小学发展水平已居于发展中人口大国的前列。高等教育已形成相当规模,学校数量大大增加,学科门类齐全,布局合理,教育质量、办学效益明显提高。

"科教兴国" "科教兴国"是党中央、国务院按照邓小平理论和党的基本路线,科学分析和总结世界近代以来特别是当代经济、社会、科技发展趋势和经验,并充分估计未来科学技术特别是高技术发展对综合国力、社会经济结构、人民生活和现代化进程的巨大影响,根据我国国情,为实现社会主义现代化建设三步走的宏伟目标而提出的发展战略。

"科教兴国"是指全面落实科学技术是第一生产力的思想,坚持教育为本,把科技和教育摆在经济、社会发展的重要位置,增强国家的科技实力及向现实生产力转化的能力,提高全民族的科技文化素质,把经济建设转移到依靠科技进步和提高劳动者素质的轨道上来,加速实现国家的繁荣强盛。

"科教兴国"战略实施以来,我国的科学、教育水平有了长足的发展,目前国家提出免费实行九年义务教育,这就为未来国家的进一步发展打下了基础。

◀邓小平看望由华侨领袖陈嘉庚创办的集美学校的师生,充分体现了邓小平对教育事业的重视

文化体育事业

文化事业的成就 新中国的诞生,文学艺术也步入新的时代。由于文学艺术作品源于社会又反映社会,取之于民又奉献于民的特点,造就其与现实社会紧密相连,伴随着时代的脚步,迎来了两个创作的高峰期,出现了一批颇具影响力的文学作品。

著名文学家茅盾逝世前,自动捐献出稿费25万元,以作为奖励优秀长篇文学作品的基金。中国作家协会于1981年设立了"茅盾文学奖",1982年首次颁奖,获奖作品先后有魏巍的《东方》,莫应丰的《将军吟》,周克芹的《许茂和他的女儿们》,古华的《芙蓉镇》,张洁的《沉重的翅膀》,刘心武的《钟鼓楼》,路遥的《平凡的世界》等。

《茶馆》 老舍的三幕话剧创作于1957年。描写三个不同历史时代(戊戌政变后、北洋军阀统治时期、抗战胜利后)裕泰茶馆茶客们的生活情况。通过众多个性鲜明的小人物的遭遇和命运,把旧中国黑暗腐朽的社会百态展现得淋漓尽致,也反映出人民的觉醒和反抗,预示出那个令人窒息的社会必归灭亡,形象地概括了旧中国半个世纪的社会变迁史,有强烈的艺术感染力。

▲"茶馆"剧照

实现奥运会金牌"零"的突破 1984年7月29日,许海峰以566环获手枪慢射金牌,这是中国首次获得奥运会金牌。恰巧这也是第23届奥运会(洛杉矶)所产生的第一枚金牌。这届奥运会中国共获金牌15枚,银牌8枚,铜牌9枚。

中国成功举办奥运会 第二十九届奥林匹克运动会于2008年8月8日—24日在北京举行,此次奥运会提出了三大理念:绿色奥运、科技奥运、人文奥运。举行了28个大项,38个分项的比赛,产生了302枚金牌(其中中国获得51枚)。有2万多名运动员、教练员和官员参加,除大部分比赛在北京举行外,帆船比赛在青岛,马术比赛在香港,部分足球预赛在天津、上海、沈阳和秦皇岛举行,这是奥运史上第二次分地区承办。

▼奥运会开幕式图片

第七章
社会生活的巨大变化

　　改革开放后,人们在衣食住行用等方面都发生了前所未有的巨大变化,社会的进步也是改革开放政策的胜利。实行能者上岗,就业制度的改革,打破"铁饭碗"并不是社会就业制度的倒退,而是社会进步的要求,是人才竞争的需要。同时我国为使下岗职工的基本生活得到保障和实现再就业,已逐步建立和完善了社会保障制度,而医疗保险制度改革是国家尽最大努力保障国有企业和职工双重利益、是适应社会发展和需要的一种社会保障制度。

　　本章内容：

　　社会生活

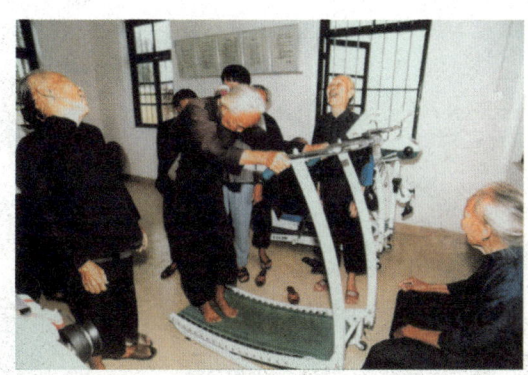

社会生活

就业体制改革 中国建国 50 年之际,特别是改革开放 20 年之际,由于推行适应社会主义市场经济的就业体制发展,就业结构有了深刻变化。1997 年第二、三产业从业人员之和超过了第一产业,第三产业从业人员从 1994 年起就超过了第二产业,1998 年,中国从业人员达到近 7 亿人,比 1952 年的 2 亿多从业人员增加了 237.5%;中国成功地缓解了三次就业高峰带来的冲击力,城镇失业率曾一度下降到 1.9%。此外,面对庞大的下岗职工队伍,中国提出了三年安置完的目标,1998 年有 600 多万下岗职工实现再就业,再就业率达 50%;就业制度实现了从"统包统配"到劳动力市场就业的深刻变革。

经济体制的改革促进了多种经济形式的发展,从而促进了就业所有制结构的变化。尤其是改革开放 20 年之际,中国城镇股份制经济、外商投资经济、港澳台投资经济、个体经济、私营经济的从业人员得到大幅增加,其比重从无到有,1997 年分别为 2.6%、1.7%、1.6%、4.2% 和 10.8%,总计比重达到 20.9%,增加了 3718 万个就业机会,相当于城镇新增就业机会的 35%。

从统包统配到市场就业 20 世纪 80 年代以来,随着"三结合"的就业方针的实行,劳动者就业和企业用人的主体地位也得到初步体现,"统包统配"的计划就业

▼进城打工的人群,就业体制的改革为广大无业人员及下岗职工提供了更多的就业机会

管理制度被打破，劳动力市场开始发育，出现了职工交流中心、人才市场、劳务市场等多种形式的职业介绍机构。

1986年7月，国务院颁布的"四项规定"中的《国有企业实行劳动合同制暂行规定》，明确了国有企业实行劳动合同制，打破了职工能进不能出的限制，明确了国有企业的用人主体地位。

1992年，国务院颁布了《全民所有制工业企业转换经营机制条例》，规定国有工业企业用人不受时间和数量的限制，进一步推动国有企业进入劳动力市场。1995年1月开始执行的《中华人民共和国劳动法》，又明确规定了企业实行劳动合同制度，从制度上保证了国有企业的用人自主权。目前，中国城镇企业基本上实行了劳动合同制度。

1992年10月，党的十四届三中全会正式提出培育和发展"劳动力市场"的目标。1998年6月，中央提出了"劳动者自主择业、市场调节就业、政府促进就业"的新时期就业方针。这标志着中国的就业政策更加开放，更加符合市场经济的要求。

1991年5月，劳动部、农业部、国务院发展研究中心共同推动了"中国农村劳动力开发就业试点项目"，开始探索统筹城乡就业，促进农村劳动力就业的途径。1993年以来，中国又施行了"农村劳动力流动有序化工程"，在全国建立了100个农村劳动力流动观测点，农村劳动力有序化工作收到了比较显著的成效。尤其是1998年年中，中国长江和嫩江遭百年不遇的洪灾后，由于工作基础扎实，没有出现农村劳动力大规模盲目流动的情况。

▼在敬老院中尽情享乐的老人，老人脸上的笑容足以说明我国当时社会保障体系正逐步得到完善

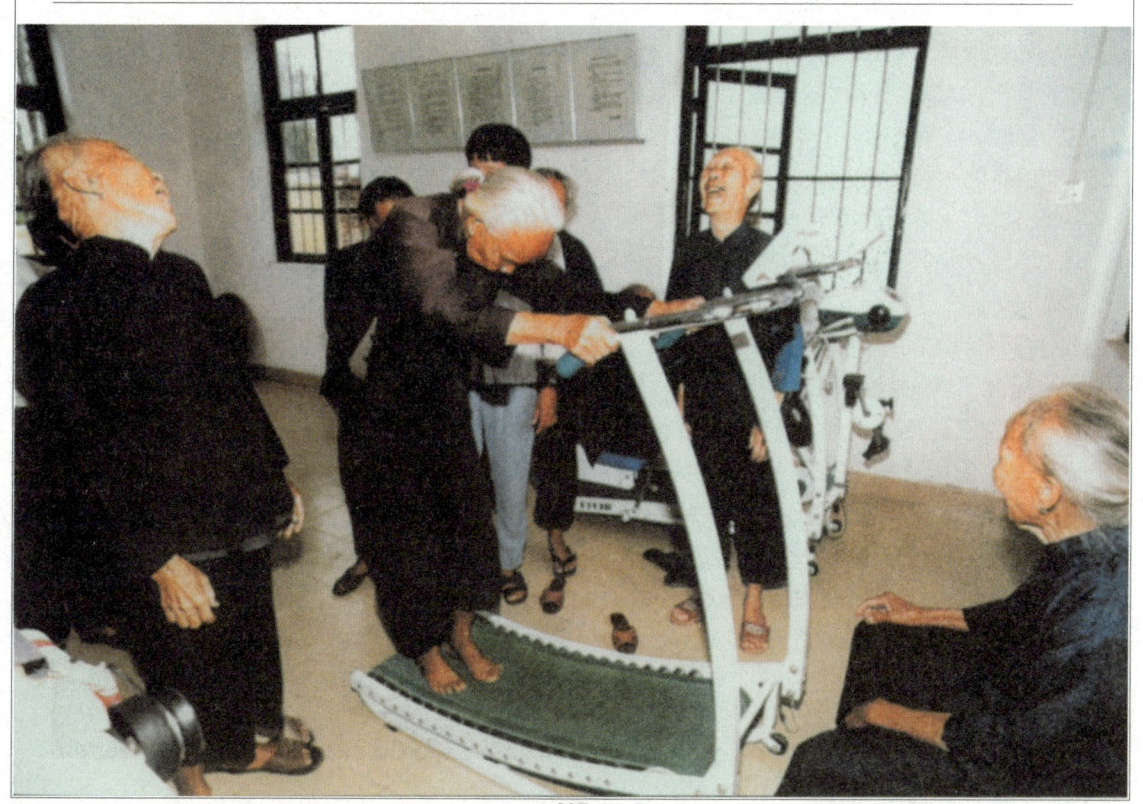

▲新农村建设

中国社会保障体系的发展

社会保障体系是社会发展的要求,是从我国现阶段国情出发的。我国还处在社会主义初级阶段,生产力水平还不高,加上人口众多,国家和企业无力统包工资、福利、医疗、养老、住房,但为了保障下岗、失业人员的基本生活和落实职工的医疗费、养老金,国家通过行政的、法律的、经济的手段,建立起能够为全社会成员提供基本生活的、与社会主义市场经济相适应的社会保障体系。"九五"期间,我国着重落实国有企业下岗职工基本生活保障、失业保险、城市居民最低生活保障,同时积极推进养老保险、失业保险、医疗保险制度的改革。1997—2000年,全国有667个城市,1638个县人民政府所在地的镇全部建立起城市居民最低生活保障制度,共有301万的城市贫困人口得到救济。同时,有14个省、自治区、直辖市建立了农村居民最低生活保障制度,约有316万农村居民受益。至2009年6月底,城镇职工和居民医保参保人数达3.3679亿,参加城镇职工养老保险人数达2.24亿;参加城镇职工失业保险人数达1.2339亿人,领取失业保险金人数达257万人。

社会保障管理服务体系基本建立,基金支撑能力不断增强,法制建设步伐加快,为应对老龄化和实现可持续发展奠定了重要基础。社会保障体系建设在解决一系列历史遗留问题的同时,注重加强法律体系和组织体系建设,增强基金支撑能力,积极应对人口老龄化,实现自身的可持续发展。一是普遍建立了社会保障经办、管理和服务体系。地方各级政府相继将社会保障行政管理和事务经办职能分开,建立了综合或单项的社会保障经办服务机构,不断加强其基础建设和能力建设,为广大职工群众和用人单位提供了多种形式的社会保障服务。二是基金支撑能力逐步增强。伴随参保人数的迅速增加和职工收入水平的提高,各项社会保障基金收入大幅度增加。三是社会保障法制建设取得积极进展。全国人大在20世纪90年代颁布实施《中华人民共和国劳动法》的基础上,又先后颁布了《劳动合同法》《就业促进法》,国务院先后颁布实施《失业保险条例》《社会保险费征缴暂行条例》《工伤保险条例》等法规,为社会保障体系建设提供了法律保障。

▼夜晚的城市